"DOMAINE FRANÇAIS"
Ouvrage édité sous la direction
de Sabine Wespieser

LES IDÉES HEUREUSES

DU MÊME AUTEUR

GEORGES BERNANOS ENCORE UNE FOIS, L'Age d'Homme/Les Provinciales, 1998.
LES BARRICADES MYSTÉRIEUSES, Actes Sud, 1998 (Babel n° 319).
TRIOMPHE DE DIONYSOS, anthologie en collaboration avec Jérôme Leroy, Actes Sud, 1999 (Babel n° 392).

En préparation
LES SOLEILS DE PORT-ROYAL.

ISBN 2-7427-2369-2

Illustration de couverture :
Sir Edward Burne-Jones, *La Roue de la Fortune* (détail), 1883
Musée d'Orsay, Paris

Pour
Jean Védrines
Son ami
S. L.

Tendrement, sans lenteur.

16 avril

Ils partirent avant la fin de la nuit. Depuis trois jours, une pluie glacée tombait sur Paris. Le boulevard Brune, qui baignait dans une lumière bleue, ressemblait à un fleuve. Porte d'Orléans, ils prirent le périphérique en direction de Rouen. Presque seuls à cette heure, ils laissèrent la ville assoupie derrière eux.

Clara conduisait, heureuse, étonnée. A ses côtés, Philoctète se taisait. Ce garçon fantasque s'était lui-même attribué ce nom quelques années auparavant, et tout le monde avait oublié son véritable patronyme. Il vivait ses rêves, poursuivait des chimères, défiait son siècle en affichant la qualité de Grec ancien. Sublime coquetterie dans un monde de citoyens-consommateurs-nomades, il ne possédait ni carte d'électeur, ni carte bleue, ni permis de conduire. Son visage était celui d'un jeune homme de trente ans et il jurait avoir vingt-cinq siècles. Il donnait aux femmes qu'il aimait des noms oubliés. Selon son humeur, il les baptisait Calliope ou Clio, Erato, Terpsichore ou Polymnie. Il leur lisait Homère, leur racontait l'expédition contre Troie, chantait les amours d'Hélène et Pâris en leur faisant déguster du *retsina*.

Clara aimait ses traits saillants, sa carrure de boxeur, ses yeux sombres où s'allumaient des incendies. Sa faconde, son énergie, sa gueule de brute auraient dû l'exaspérer. Elles la ravissaient.

Lorsque Clara et Philoctète passèrent Chartres, Nougaro chantait *Quatre boules de cuir.* Cette chanson allait bien avec la confusion de leurs sentiments. L'ordre de leurs émotions leur avait échappé. Philoctète avait parlé de Saint-Malo, de bains de mer, du bar de l'Univers. Clara avait failli hésiter. Ils étaient partis très vite. Il ne lui avait pas laissé le choix. Tout s'était décidé subitement. Il l'avait élue pour ce voyage. Elle devait avoir confiance en lui.

Philoctète essayait de trouver une explication raisonnable en laissant errer son regard sur le paysage. Le jour se levait doucement sur la Beauce. Des groupes d'arbres, des maisons, des vaches étaient tirés de l'obscurité par une lumière fragile. Philoctète observait ce monde sortir de la nuit et écoutait Nougaro… *O déesse de pierre, pour atteindre ton cœur, il n'est qu'une manière, il faut être vainqueur…* Il n'avait pas envie de se demander ce qu'il faisait, à cent quarante kilomètres-heure sur l'autoroute de l'Ouest, avec une fille qu'il connaissait à peine. Il jouait cette partie comme on brûle ses dernières cartouches.

A côté de lui, Clara était concentrée. Ses pupilles s'étaient resserrées en s'accrochant à l'horizon. La lumière orangée du tableau de bord qui éclairait son visage par-dessous lui donnait la douceur du marbre. Philoctète songea à une statue qu'il avait vue à Naxos, dix ans auparavant. Les Cyclades avaient changé sa vie. En rentrant, il avait abandonné ses études et décidé de vivre comme Alcibiade. Le seul effort auquel il avait consenti était de prendre des cours particuliers pour pouvoir lire Platon dans le texte. *... Je vais te faire voir qui des deux est champion...*

Nougaro chantait toujours et Philoctète contemplait Clara. Il aimait son joli visage découpé à l'antique. En quelques semaines, elle était devenue son inspiratrice, son héroïne, son Antigone. Sa silhouette longue et souple avait dévoré son cœur. Ses cheveux clairs et légers rappelaient ceux de la déesse Flore peinte par Poussin. L'harmonie parfaite de son corps autorisait Philoctète à se passer d'explications. ... *Enfant je m'endormais sur des K.-O. de rêve, et c'est moi qu'on soutient et c'est moi qu'on soulève...*

Cela faisait longtemps qu'il n'avait plus éprouvé une telle sensation d'apesanteur. Il jubilait. Le monde autour de lui se réinventait. Après une longue trêve amoureuse, la vie se réenchantait. ... *O déesse de pierre, je prendrai ma revanche, et j'aurai ton sourire comme une maison blanche...*

La route devint plus claire. Il avait cessé de pleuvoir. La Beauce s'éveillait doucement. Clara n'avait pas éteint les phares de la voiture. La trace jaune qu'ils dessinaient devant eux pâlissait. Cette fuite cachait son sens. ... *Oui, j'aurais ton sourire, point final de mes poings, même si dans les coins, Boxe, Boxe...*

Clara et Philoctète roulaient depuis une heure. Ils n'avaient pas échangé un mot depuis leur départ. Les vieux couples n'ont pas besoin de se parler pour se comprendre. Ils ne formaient pas un vieux couple. Mais ils se devinaient.

Le silence finit par lasser la jeune femme.

— Qu'est-ce qu'on va faire à Saint-Malo ?
— L'amour, mon amour !
— Toute la journée ?
— Le reste du temps, on se baignera.
— En plein mois d'avril ?
— Tu vas voir ce que c'est que vivre avec un Grec ancien !

Clara sourit. Philoctète savait se débarrasser du superflu. Jamais, elle n'avait rencontré d'individu menant une existence aussi jubilatoire. Il se moquait de l'argent. Il ne s'inquiétait pas de l'avenir. Il avait oublié son statut social. C'était rare de rencontrer une personne qui ne faisait pas état de sa situation professionnelle et de ses revenus au bout d'une heure de conversation.

Clara admirait l'insouciance de Philoctète. Seuls comptaient pour lui la métaphysique, les crus précieux, le souvenir de quelques femmes aimées – "Mes reines callipyges", assurait-il.

Lorsqu'on lui demandait pourquoi il avait voué sa vie à des divinités aussi insolites, il répondait par un mot définitif : "La quête du Beau !" Dans un monde occupé par l'indice Nikkei et les profits en Bourse, cette désinvolture s'insinuait avec une merveilleuse indécence. Clara en savourait l'effronterie.

Philoctète se tourna vers Clara.

— Est-ce que tu aimes la Bretagne ?
— Je n'en sais rien… Je ne connais que La Baule.
— Mais La Baule, ça n'a jamais ressemblé à la Bretagne ! Si tu cherches des jolis petits bords de mer, va à Concarneau ou à Crozon, à Roscoff ou au Conquet ! Je t'emmènerai un jour à Perros-Guirec… J'ai un ami qui est né là-bas… C'est un peintre ; il m'a appris à aimer les

villages de l'arrière-pays. Ensemble, nous avons marché jusqu'à Lannion et Plouaret sur des sentiers bordés de genêts... C'est lui qui m'a permis de comprendre comme il est simple d'aimer ce monde plein de secrets. D'autres fois, nous sommes restés au bord de l'Océan. Nous avons longé la côte en regardant le soleil se glisser sous la mer. Je vois encore les grèves et les plages, les promeneurs en caban et les ramasseurs de coquillages indifférents à la pluie et au vent. C'est ça la Bretagne ! Des chapelles de granit, des maisons aux volets colorés ! Le jaune des ajoncs, le rose des bruyères ! Tout un monde qui revient du temps et s'ébroue sous tes yeux ! Pas une coulée de béton et de sable tiède au bout d'une ligne de chemin de fer !

Philoctète s'agitait. Clara l'écoutait à peine, entièrement occupée par sa conduite. Cela faisait plusieurs mois qu'elle n'avait pas pris la route. Elle renouait avec des sensations oubliées, grisée, glissait sur l'asphalte comme une libellule à la surface de l'eau. Elle aimait la vitesse qui dématérialise la route, qui dématérialise le paysage, qui dématérialise le monde.

L'horloge digitale de la voiture marqua six heures.

L'autoroute déroulait inlassablement son ruban gris. Des camions lourdement chargés peinaient dans les côtes comme des insectes maladroits. Sur la voie de gauche, des voitures filaient sans qu'on pût prêter attention à leurs occupants. L'horizon rayonnait, toujours plus jaune et plus clair. Philoctète dissertait.

— ... la Bretagne c'est splendide... Mais ne va pas la chercher dans une agence de voyages... C'est à pied qu'il faut apprendre à la regarder... Mon rêve est de parcourir les monts et les landes de Quiberon à Saint-Malo... Tu aimes marcher ?

— Non.

— Malheur ! Qu'est-ce qu'on va devenir ?

Clara esquissa un sourire. Elle avait parlé sérieusement. Elle détestait les randonnées. Ses pieds capricieux lui faisaient vite mal. Et puis elle refusait de s'infliger l'épreuve de pénibles marches dans un monde qu'on pouvait traverser de part en part en quelques heures. Elle était née à Paris. Elle avait toujours circulé en bus, en métro ou en taxi lorsqu'elle rentrait tard dans la nuit. Les jours de grève, elle ne sortait pas. La marche dans son esprit s'associait aux rêves farfelus des beatniks. Les anges vagabonds provoquaient son mépris. Elle avait grandi dans une famille de militants ouvriers où l'on regardait les babas comme des gauchistes, c'est-à-dire comme des bourgeois dégénérés.

Depuis qu'elle avait quitté ses parents, elle avait en partie oublié les images qu'ils employaient. Ces dernières continuaient pourtant d'agir en elle. Clara sentait leur présence. Pour rien au monde elle ne s'en serait désolée. Les combats politiques de sa famille ne lui avaient jamais fait honte. Elle en était fière.

Clara entretenait ses fidélités, persuadée qu'un individu sans attachements se condamnait à n'être rien. Elle songeait à ces garçons avec lesquels elle avait eu des aventures, qu'elle avait aimés quelquefois, mais dont elle s'était lassée fatalement. Ils cultivaient un cynisme ingénu dans une époque qui s'en régalait. Riches ou pauvres, beaux ou laids, ils répétaient qu'ils n'avaient rien à perdre, persuadés qu'on ne les croirait pas. Clara savait qu'il fallait, hélas, les prendre au sérieux. Elle n'avait jamais mis longtemps à découvrir les maigres secrets de leurs vies mesquines. Ces pitres s'autodétruisaient avec une rage d'autant plus systématique qu'ils ne possédaient rien à immoler.

Clara avait fini par ne plus pouvoir les supporter. Contrairement à ces ravis, elle avait réellement quelque chose à perdre. Son père lui avait transmis une volonté orgueilleuse de toujours rester droite face au monde. Elle y tenait. Elle était attachée à cette détermination plus encore qu'aux convictions de son père.

Ce dernier était mort depuis trois ans. Pendant vingt ans, il avait travaillé à *L'Humanité*. Ses collègues se souvenaient d'un journaliste emporté, véhément, pittoresque. Clara repensait souvent à leurs longues conversations. Son père lui interdisait de n'être pas d'accord avec lui. Lorsqu'elle émettait des réserves, il reprenait ses arguments, les défaisait, les retournait jusqu'à réussir à la persuader. Il s'emportait de manière charmante.

Clara n'avait jamais renié aucune de ses idées. Elle se serait désavouée. Mais elle avait inventé une façon originale de leur demeurer fidèle. Leur permanence, dans sa vie, s'était lentement intériorisée jusqu'à définitivement faire partie d'elle-même.

La fantaisie de Philoctète éprouvait sa fidélité de manière nouvelle. L'allure, les habitudes, la manière de ce dernier incarnaient tout ce que Clara avait appris à fuir, surtout lorsqu'elle n'avait pas la force de les haïr. Il aimait la guerre, l'Histoire, les patries. Il lisait des auteurs maudits. Chez d'autres que lui, ces goûts l'auraient révoltée. Elle ne comprenait pas comment il pouvait rester insensible à certaines réalités. Elle avait le sentiment qu'il récrivait l'Histoire. Il parlait avec passion de Périclès, de Philippe Auguste, de Charles de Gaulle ; elle pensait esclavage, privilèges, bourgeoisie. Clara ne pouvait pas s'empêcher de tenir Philoctète pour un jardinier maboul qui cultivait les idées folles comme on soigne les mauvaises herbes. Jamais il ne perdait une occasion de déplaire. Elle n'arrivait pas à regarder son dandysme comme un humanisme.

Clara appuya soudain sur l'accélérateur. L'aiguille du compteur grignota doucement la courbe de vitesse. Cent quarante, cent cinquante-cinq, cent soixante-dix, cent quatre-vingts…

— Calme-toi ! cria Philoctète, cramponné à son siège.

— Alors ? Monsieur fait moins le malin ?

— Le malin avec quoi ?

— Avec tout !

Clara poussa encore sous son pied droit.

Paniqué, Philoctète ouvrit la boîte à gants et se mit à fouiller.

Après avoir dispersé quelques papiers, il trouva les objets indispensables qu'il avait emportés : une bouteille de Jack Daniel's, un livre de Jacques Bainville, une cassette de Jacques Brel.

— Les trois Jacques, souffla-t-il, avec eux, je ne crains rien.

Il introduisit la cassette dans l'autoradio, but une longue rasade de bourbon et commença à feuilleter son livre.

Clara éclata de rire. Philoctète poussait l'élégance jusqu'à se montrer aussi superstitieux qu'un Athénien de l'époque classique. Quelle imagination ! La jeune femme ralentit, cédant volontiers aux forces occultes convoquées par son passager.

Philoctète sembla rassuré.

— Je vais te lire un peu de Bainville.

Il tourna les pages de son *Histoire de France*, librairie Arthème Fayard, 1924. Il possédait un exemplaire sur vélin pur fil des papeteries Lafuma. Un ami lui avait offert pour son anniversaire.

Pendant ce temps-là, Brel chantait *Ne me quitte pas*. Clara se demandait qui était Bainville. Philoctète ne lui avait pas avoué qu'il s'agissait d'un historien royaliste, elle se serait mise en colère. Le comble, c'est que Philoctète en faisait ses délices par pure provocation. Il détestait cette histoire positiviste et voltairienne. Son idole était Marc Bloch, un républicain qui avait au moins compris quelque chose aux rois thaumaturges, à la guérison des écrouelles, à la grâce de l'histoire de France.

— Ça y est ! annonça-t-il.

Il coupa l'autoradio.

Clara fit une drôle de moue.

— La lutte s'annonce mal pour la France... commença Philoctète, sur le ton de l'épopée. Le roi doit compter avec Charles le Mauvais, perfide, presque insaisissable, sur lequel, par un beau coup d'audace, il ne met un jour la main que pour voir une partie du royaume s'insurger en sa faveur !... Jean procède à des exécutions sommaires, fait reculer les rebelles, mais n'ose, à tort, verser le sang de sa famille, et se contente d'emprisonner le roi de Navarre qui lui demande pardon à genoux !... Nous verrons bientôt repartir le Mauvais, pire dans son orgueil humilié...

Il se tourna vers Clara.

— Quel est, à ton avis, ce Jean qui fait rendre gorge aux traîtres ?

— Je n'en sais rien !... Pourquoi tu me lis ces fadaises ?

— Mais parce que c'est beau ! De vraies pages de roman ! Mieux qu'Hollywood !... L'histoire de France c'est *Star Wars* au carré... Des princesses captives... Des chevaliers félons... Des lieutenants rebelles... Un Empire toujours menaçant... La trahison partout... Y en a dix fois plus que chez Lucas... Treize cent cinquante-cinq ! Terrifiante année... Charles le Mauvais, tu lui trouves pas des ressemblances avec Darth Vader ? Il est effrayant ! Je l'entends respirer sous son casque...

Clara suffoqua. Elle avait oublié les dates de l'histoire de France depuis l'école primaire. Comment supportait-elle un type qui les récitait amoureusement ?

— Alors ? Tu ne sais vraiment pas de quel Jean il s'agit ?

— Non.

— De Jean le Bon ! De ce pauvre roi Jean arrivé au milieu du XIVe siècle à la tête d'un pays écartelé entre Angleterre et Navarre. Il est mort à Londres après s'être livré pour rester fidèle à sa parole. Son fils Louis d'Anjou s'était échappé. Un Valois n'a qu'une parole. Et quelle parole !

— Philoctète ?

— Oui ?

— On arrête là ?

— Quoi ?

— Les leçons d'histoire. Je croyais que tu étais un Grec ancien. Pourquoi tu me déballes le Moyen Age ?

— Mais parce que je suis de toutes les époques... De toutes les époques et de tous les lieux… Grec, français, romain, arabe, belge, russe, italien, chinois, argentin, mexicain, espagnol, portugais… Tout ce que tu voudras ! Tout sauf américain… Pas allemand non plus… Ni américain, ni allemand !

— Arrête ton cinéma.

— Pour quoi faire ?

— L'amour, mon amour !

Avant Le Mans, ils trouvèrent une aire d'autoroute. Clara gara la voiture à l'écart. Philoctète ne disait plus un mot. La jeune femme s'installa à califourchon sur lui. Il se contracta. Elle commença doucement. La lumière jaune et verte d'un néon dansait sur son visage. Elle était splendide. Elle avait crié. Il faisait jour.

A l'intérieur de la station-service, ils trouvèrent un distributeur de boissons. Le café était brûlant. Clara dévisagea les individus présents. Des motards discutaient autour d'une carte routière. Des camionneurs commentaient les premières informations de la journée devant un poste de télévision. Plus loin, des êtres indescriptibles et hagards erraient comme des zombies.

La lumière avait étourdi ces individus qui vivaient sur la route. Ils attendaient le crépuscule comme d'autres guettent l'aurore.

Philoctète sourit. Il prit la jeune femme par la taille. Elle rit. Il était captivé par son rire long, enfantin, moqueur. Il aimait son rire comme il aimait sa voix haute, dense, entêtante. Une voix qui cachait une histoire, des bonheurs, des craintes. Une voix pleine de retenue, aussi discrètement classique que l'était Clara.

— Je t'aime, lui dit-il.

— Ne dis pas ça.

Dehors, un automobiliste klaxonna pour se plaindre d'une voiture qui encombrait le passage. Philoctète eut envie d'un second café. Il introduisit deux pièces dans la machine. L'appareil fit un bruit d'aspirateur. Sans rien dire, Clara s'éloigna en direction des cabines téléphoniques. Philoctète songea à sa vie dont il ne savait presque rien. Elle avait une famille, des amis à prévenir de son départ impromptu. Il ne lui avait rien demandé. Il savait qu'elle habitait rue des Martyrs, ignorait tout le reste.

Clara revint. Philoctète ne lui posa pas de questions.

Il observait les individus autour de lui. Les aires d'autoroute l'avaient toujours fasciné. Ces lieux où se croisaient des êtres qui ne se connaissaient pas, qui se parlaient à peine, qui ne se reverraient jamais. C'était une préfiguration de la société à venir. Une société anonyme éclairée par une lumière artificielle dans laquelle les individus ne feraient que passer. Un monde où personne ne pourrait se sentir chez lui. Déjà, les centres-villes ressemblaient à des stations-service. On y arrivait, on en repartait. L'envie d'y vivre s'amenuisait jour après jour.

Philoctète en parla à Clara. Elle se demanda pourquoi. Elle pensait encore à eux deux dans la voiture. La fatigue commençait à se faire ressentir. Elle aimait que la lassitude fût intimement mêlée au bonheur. Et lui théorisait. Longtemps, elle avait cru qu'il se prenait pour un prof, qu'il lui parlait comme à une élève.

Philoctète promenait sur son siècle un regard qui n'épargnait rien, ni personne, comme un chirurgien qui aurait voulu soumettre la terre entière au tranchant de son scalpel. Clara avait mis quelque temps à dissiper son effroi. Attentive à ses mots, elle pensait avoir touché une partie de son secret. Philoctète planait dans les nuées pour se rassurer, il lançait ses raisonnements comme des torches dans la nuit, persuadé d'être promis aux ténèbres, à l'abandon.

Avec lui, Clara avait découvert un tour d'esprit dont elle ne soupçonnait pas l'existence. La méchanceté dont il lui arrivait de faire un usage brouillon prêtait à sourire. Il n'avait jamais terrorisé personne. Son intelligence se déployait avec éclat, insoumise, paranoïaque, mais jamais inquiétante.

Il ne calculait pas. Les événements, dans sa vie, semblaient s'enchaîner de manière nécessaire. Clara se figurait que les individus avaient perdu depuis des siècles l'audace de vivre avec une confiance aussi parfaite en leur destin.

— Philoctète, mon Grec ancien, murmura-t-elle.

25 mars

Philoctète remontait la rue de Rennes en méditant une phrase de Marx. Elle tourbillonnait dans son esprit, glissait, s'échappait, avant de réapparaître, toujours plus belle et plus vraie. Philoctète se la récitait comme un poème. *La richesse des sociétés dans lesquelles règne le mode de production capitaliste s'annonce comme une immense accumulation de marchandises.* Quelle merveille ! Il aurait aimé connaître la phrase originale en allemand, pour savoir si elle sonnait de manière si nette.

Une immense accumulation de marchandises... Philoctète leva les yeux. La vie avait déserté la ville. Sur les trottoirs, des individus déambulaient en flots informes. Des trains poussifs les avaient convoyés depuis des banlieues lointaines. Dans les vitrines, des objets inutiles parés de couleurs criardes leur étaient proposés comme des putains. Sous chaque enseigne, les gogos s'agglutinaient comme des mouches affamées. Promotion exceptionnelle ! Crédit trois fois sans frais ! Achetez mieux ! Payez moins cher ! Partout, ça flashait, ça remuait, ça clignotait.

La marchandise avait envahi le monde. Sa religion avait effacé les anciens cultes. Elle possédait ses temples, ses fidèles, ses prêtres. Parle, commande, règne ! Comme dans les cantiques d'autrefois. Sauf que le fond sonore qui accompagnait ce grand déballage n'avait rien d'un chant d'église. C'était un vacarme épouvantable où se mêlaient le bruit des moteurs, les sirènes des pompiers, le tintamarre des pots d'échappement troués.

Philoctète comprit qu'il vivait dans un monde en guerre.

Il était l'agressé et les marchands les agresseurs. Ces derniers avaient déployé d'immenses lignes de front. Pour vaincre, ils avaient mobilisé de l'homéopathie, des canapés-lits, des bijoux fantaisie. Rien ne manquait à cette redoutable armée dont les agréments étouffaient les moindres velléités de résistance.

Philoctète sentit des picotements au fond de sa gorge. Il se retint de pleurer. Cela n'aurait servi à rien. Il vit devant lui un vieil homme courbé sous un porche. Il mendiait. Cette activité ancienne comme le monde apparaissait obscène en ce lieu. Entre un fast-food, un magasin multimédia et une agence de voyages, ce vieillard semblait à vendre. En lui donnant une pièce, on pouvait probablement s'acheter une conscience. Philoctète fouilla au fond de sa poche. Mieux valait être prudent. On ne savait pas qui était cet homme. "Un jour viendra probablement, songea Philoctète en lui tendant la main, où il nous jugera tous."

Il se mit à pleuvoir. Les visages s'affolèrent. Des parapluies sortirent. Partout, les gens commencèrent à courir, épouvantés. Philoctète ricana. "Bien fait pour eux. Ils ne pourront pas finir leurs achats. Ça ne les empêchera pas de vivre." Il lui venait comme ça des pensées méchantes, sans que la honte les tempérât. Il s'abrita près du mendiant. La panique causée par quelques gouttes d'eau sur une foule de consommateurs amusait le vieil homme. Philoctète le regarda : ils s'étaient compris. "Le jour est déjà venu, se réjouit le jeune homme, où il nous a tous jugés."

Philoctète reprit son chemin et observa la tour Montparnasse en haut de la rue de Rennes. Un nuage vaporeux grignotait son sommet. Il sourit. C'était l'occasion de penser à autre chose.

Darras lui avait donné rendez-vous à huit heures. La perspective d'une soirée d'anniversaire n'enchantait guère Philoctète, mais il aimait bien Darras. Sa réussite sociale était l'envers de son obstination à ne rien céder de lui-même à son époque.

Les deux hommes avaient fréquenté le même lycée. En 1986, ils avaient passé leur bac ensemble. C'était l'époque des conversions massives à Kant et aux droits de l'homme parmi les professeurs de philosophie. Même les anciens trotskistes ne parlaient plus que d'impératif catégorique et de nécessités du marché.

Avec Darras, ils lisaient Karl Marx et Joseph de Maistre, ça emmerdait tout le monde. La nuit, ils embarquaient dans une vieille voiture avec des affiches, des balais, des seaux de colle. Ils couvraient les murs de leur quartier de slogans empruntés à la littérature, aux chansons, au cinéma qu'ils aimaient.

Il leur arrivait de se faire arrêter par les flics, de finir la nuit au commissariat. Philoctète riait. Il assurait que sa connaissance de la maison poulaga lui permettrait un jour d'écrire des polars. Lorsqu'ils étaient relâchés, ils allaient directement au lycée.

Leurs bleus attendrissaient les filles. Leurs professeurs les laissaient somnoler. Des jaloux les prenaient pour des voyous. Personne ne comprenait ces garçons qui écoutaient de la musique démodée, écrivaient des poèmes, buvaient beaucoup.

Même lorsque cette époque avait pris fin, leurs liens étaient restés très forts. Darras achetait des composants électroniques pour une firme japonaise. Le monde dans lequel il évoluait effrayait Philoctète. Ils s'étaient vus moins souvent. Mais leur amitié avait perduré. Elle n'avait pas plus besoin d'être dite que d'être réapprise. Elle ressemblait à ces vieilles mécaniques qui se remettaient en marche à la première sollicitation.

Darras vivait dans un grand appartement de la place Denfert-Rochereau. Philoctète aimait qu'il fût meublé avec goût. Les individus étaient devenus rares auxquels il pardonnait d'être riches. Darras se flattait d'être toujours entouré de jolies femmes. Il possédait une puissance d'attraction que Philoctète lui enviait. On faisait toujours des rencontres agréables chez lui. Ce n'était pas la plus détestable raison de se rendre à son invitation.

Boulevard Raspail, Philoctète prit le temps d'observer des bâtiments de construction récente avant d'arriver chez Darras.

Les architectes modernes étaient décidément des aliénés. Leur goût de la transparence trahissait leur névrose. Ils ressemblaient à leur époque. L'épaisseur et le secret leur faisaient peur. La pierre avait quelque chose d'éternel.

Le bois était trop vivant. On ne pouvait plus échapper au verre et à l'aluminium. Il fallait que tout fût révélé, pauvre promesse d'un monde parfait.

Philoctète, qui marchait sous les arbres de la contre-allée dont les feuilles n'avaient pas encore paru, s'arrêta à l'étal d'un bouquiniste. Parmi des ouvrages usés, cornés, fatigués que personne ne lirait peut-être plus, il trouva un traité de Swift qui manquait à sa collection : *Instructions aux domestiques*, suivi des *Opuscules humoristiques*, traduit par Léon de Wailly, présenté par Roger Nimier, Le Livre de Poche n° 471, 1959. Il aimait ces petits volumes colorés dans lesquels il avait découvert la plupart des classiques. Leur odeur caractéristique était celle des après-midi d'autrefois. Chaque semaine, il se rendait à la bibliothèque municipale pour rendre les livres qu'il avait empruntés et en choisir d'autres. Il n'avait pas encore dix ans. Il se souvenait d'une salle de lecture qui l'impressionnait avec ses gros volumes aux cuirs odorants. Plus loin, il retrouvait les titres qu'il aimait. Sa mère l'accompagnait. Elle le conseillait. Quels qu'aient pu être leurs rapports par la suite, il lui devait d'avoir compris que les livres seraient la grande affaire de sa vie.

Les livres ! On leur préférait désormais les disques, les vidéos, les signaux sur fibre optique. De sinistres prophètes annonçaient leur disparition. Et Philoctète, presque seul sur le boulevard Raspail, s'acharnait à respirer l'odeur de colle d'un vieux livre de poche, à l'heure où il aurait dû s'installer devant son récepteur et attendre gentiment le journal télévisé. Alors que les livres étaient devenus des produits de grande consommation, il se payait le luxe de dénicher des textes précieux qui lui coûtaient dix francs.

Philoctète avait repris son chemin. Il n'était pas mécontent de la manière dont il avait organisé sa vie. Dans un monde qui mobilisait tant de moyens pour écraser les dissidents, les hérétiques, les insoumis, il trouvait sa singularité plutôt bien établie.

"Toute subversion est intérieure !" lui avait souvent répété Neubourg. De trois ans son cadet, ce jeune homme était un de ses contemporains dont il s'était senti le plus proche. Ce Cyrano qui cherchait toujours son Saint-Cyran aimait la ville, les bars, le XVIIe siècle de la Fronde, l'ambiance des P.M.U., la théologie. Ils appartenaient à la même espèce. Ça ne les avait pas empêchés de se brouiller. Philoctète ne se l'était jamais avoué : il enviait la joie effrontée que Neubourg opposait à la tentation du désespoir, il jalousait la manière radieuse dont il résistait à son siècle.

Philoctète voulait lutter seul. Les motifs de leur querelle cachaient son refus de battre ses armes dans la forge d'un autre.

Pour la subversion, Neubourg avait raison. Un combat frontal contre ce monde emporté, frénétique et brouillon eût été vain. Le plus urgent était de redécouvrir des vertus antiques. Philoctète pensait que la lenteur était la première d'entre elles.

Cela expliquait pourquoi il accordait tant d'importance à la marche, à la lecture et à diverses formes de méditation, notamment la prière. Il osait rarement le confier à ses amis, mais il priait. Cette habitude était ce qu'il lui restait de plus précieux de l'enfance. Quelque temps auparavant, il avait lu dans un journal qu'un tiers seulement de ses compatriotes priaient, contre près du double quelques décennies auparavant. Les cons ! Ils ne voyaient pas qu'ils avaient les fers aux pieds. La prière était un des derniers moyens d'éprouver la lenteur du monde, c'est-à-dire de vivre.

Bouffe à grande vitesse, trains à grande vitesse, bronzage à grande vitesse, lecture à grande vitesse, stages à grande vitesse, soins à grande vitesse, baise à grande vitesse. La vitesse, c'est la mort !

A huit heures précises, Philoctète sonna chez Darras. La jeune femme qui lui ouvrit portait une robe rouge largement décolletée. Elle était ivre. Sans lui adresser la parole, Philoctète traversa le grand appartement, déjà bruissant du rire des invités. L'envie d'emprunter quelque chose à leur joie ne l'effleura même pas. Il sentit que cette soirée allait le mettre de mauvaise humeur.

Darras était occupé. Philoctète le laissa. Après avoir pris une coupe sur un buffet, il s'installa seul dans une petite pièce.

Des pensées désagréables le travaillaient depuis le début de la journée. Il ne faisait rien pour les dissiper. Lorsqu'il vit trois filles débarquer et s'installer à côté de lui, il comprit que ça n'allait pas s'arranger. Darras, qui sortait d'une école de commerce, possédait un carnet d'adresses farci de crétins. Ces filles parées, fardées, parfumées, en étaient de tristes échantillons.

Leurs conversations leur ressemblaient. Elles n'étaient même pas désirables... Vacances, voitures, voyages... Philoctète ne prêta pas attention à ce qu'elles racontaient... Voiliers, villas, Venise... C'était leur ton qu'il vomissait. Un serveur en veste blanche lui proposa de lui resservir du champagne. Il accepta volontiers. C'était du Bollinger Grande Année, son préféré. Le pépiement des trois perruches n'avait pas cessé… et vavava, et vavava… Philoctète cherchait une solution pour mettre fin à cette insupportable jactance lorsqu'elles quittèrent la pièce. Même les plus sombres pétasses ont parfois des intuitions lumineuses.

Philoctète se leva pour examiner les livres rangés dans une bibliothèque vitrée. Le meuble renfermait de belles pièces de collection, des nouveautés, beaucoup de volumes sans intérêt.

Il aperçut avec horreur une édition originale des *Fables choisies et mises en vers par M. de La Fontaine* placée à côté d'un annuaire des anciens élèves de Harvard. Darras était décourageant.

Philoctète n'avait pas fini d'inspecter la bibliothèque lorsqu'il sentit quelqu'un lui chatouiller le cou. Il se retourna.

Droite devant lui, Clara riait. Philoctète fut estomaqué par le culot de cette fille. Il ne l'avait jamais vue.

Clara était très jolie. Philoctète rougit.

— Vous rêviez ? lui demanda-t-elle.

— Si l'on veut.

— A quoi ?

— Aux chances d'une fable comme *Le Savetier et le Financier* dans le monde de demain.

Clara rit. Philoctète jeta un regard étrange à la jeune femme. Les lignes de son cou étaient merveilleusement tracées.

Un long moment passa.

— Venez, finit-il par lui dire, en la tirant par le bras. On ne peut pas rester ici. Allons prendre un verre dehors.

— Vous êtes traqué ?

— Quelque chose comme ça.

Philoctète avait une démarche curieuse. Il entraîna la jeune femme derrière lui jusqu'à la porte de l'appartement.

— Au fait, comment vous appelez-vous ?

— Clara. Vous, c'est Philoctète, je crois ?

Elle le connaissait. Il s'en étonna sur le moment.

Dehors, il faisait froid. Philoctète trouva une brasserie ouverte. Il commanda deux ballons de brouilly, sans demander son avis à Clara. La jeune femme vida son verre, le tendit au serveur. Philoctète sentit un défi. Il l'imita avant de se tourner vers elle.

— Et si on parlait, au lieu de boire ?

Les sujets de conversation ne manquaient pas à Philoctète. Il pouvait initier une inconnue aux plus vastes matières. Il savait broder à l'infini sur sa vie, ses rêves, citer les livres saints en hébreu, Platon en grec et les Pères de l'Eglise en latin.

Il n'en eut pas envie. Quelque chose dans le visage de Clara avait convoqué des sentiments plus essentiels. Personne n'aurait pu, à ce moment, parler d'amour. Ses émotions s'affirmèrent de manière plus simple, plus confuse, plus inachevée. Il sentit qu'il était lié. Cela arrive, même à des garçons comme Philoctète.

Clara parlait peu. Philoctète, de plus en plus ivre, lui confia qu'un don singulier lui permettait de savoir quand une femme avait joui pour la dernière fois. Elle crut à une plaisanterie. Il avança une date, sûr de lui. Elle leva les yeux au ciel, transportée.

Etrange soir que ce soir, mystérieux, électrique, augural : ils avaient bu, ils s'étaient plu. Les phrases qu'ils avaient échangées avaient ressemblé à des feintes amoureuses. Clara avait aimé la volubilité de Philoctète. Il donnait aux conversations le cliquètement des épées. Philoctète s'était épris de la liberté conquise par Clara, malgré une fragilité à peine dissimulée.

Ils ne passèrent pas la nuit ensemble. En rentrant chez elle vers deux heures du matin, Clara jugea qu'elle détestait Philoctète. "Ce type est orgueilleux, provocateur et dangereux."

Elle s'en doutait, même si des amis l'avaient dépeint comme un être rare. Clara avait voulu se faire sa propre idée. Elle détestait s'en rapporter aux appréciations des autres. C'était sa force. Sa faiblesse, aussi, car il lui fallait toujours tout vérifier.

Dans la nuit humide, elle essaya de se raccrocher à des mots, des attitudes, des regards, pour repenser à ce qu'ils s'étaient raconté. Un vent mou lui caressait le visage. L'effet qu'elle avait produit en quittant la soirée avec Philoctète à son bras la réjouissait. Mais c'était tout. Elle n'irait pas plus loin. Cette brute n'était pas son genre. Oubliant qu'elle lui avait laissé son numéro de téléphone, elle se jura qu'elle ne serait jamais à lui.

Chez elle, son lit était glacial. Elle dormit mal.

Avant cette rencontre, Clara savait que Philoctète avait, dix ans auparavant, écrit les paroles d'un album de variétés et connu un joli petit succès. Il avait acquis une réputation parmi les passionnés qui n'était pas complètement retombée.

Philoctète s'était pourtant acharné à ruiner sa réputation. Il s'était moqué de cette renommée imprévue. A l'époque, il avait vingt-deux ans. La chanson demeurait pour lui un refuge dans un monde où la poésie était persécutée. Il appréciait que les mots du poète, condamnés à la confidentialité, eussent accès à l'universalité au bénéfice d'une mélodie appropriée. Mais il avait refusé de réorienter sa vie après son premier succès. Il demeurait un poète, c'est-à-dire un inclassable, un être voué au secret.

— Je n'ai jamais fait de grande distinction entre ce qu'on appelle la poésie et la chanson, avait-il alors expliqué à un grand quotidien. Ces deux formes s'imposent de la même manière, avec de la beauté, du rythme, de l'autorité et de la vérité. Alors, que ce soit Aznavour chantant "Viens, découvrons toi et moi les plaisirs démodés" ou Baudelaire disant "Nous aurons des lits pleins d'odeurs légères / Des divans profonds comme des tombeaux", rien ne sépare l'expression populaire de l'expression littéraire.

Clara se souvenait très bien de cet entretien qu'elle avait lu à l'époque où Philoctète ne manquait ni d'articles dans les magazines, ni de passages à la télévision. Il avait répété avec calme qu'il vivait comme un Grec ancien, méprisant un siècle imperméable à la poésie, à la gloire, à la philosophie. Cela avait amusé. Philoctète était jeune, son talent manifeste. Ses interlocuteurs avaient mis ces outrances sur le compte du succès. Les journalistes aiment les frondeurs comme les forains aiment les bateleurs. Lorsqu'ils s'aperçoivent qu'ils risquent de foutre leur baraque en l'air, ils s'en débarrassent.

Après deux ou trois prestations pittoresques, Philoctète n'avait plus jamais été invité à la télévision. Donzenac, son producteur, avait été désespéré. C'est lui qui avait découvert les textes de Philoctète dans une revue de poésie diffusée dans des pubs du Quartier latin. Cet Aveyronnais aux méthodes de maquignon avait flairé une opportunité exceptionnelle. Sa poignée de main était franche, son tutoiement facile, il possédait un large répertoire d'anecdotes de bistrot. Il s'était rapidement lié à Philoctète.

Il n'est pas inutile, lorsqu'on fréquente les artistes, de tenir l'alcool, de connaître quelques vers, d'aimer voyager au bout de la nuit. Donzenac le savait mieux que personne. Sa fortune venait de sa capacité à toujours remettre un dernier verre. Les abstractions le fatiguaient, mais il avait du flair. Lui qui ne croyait guère en son art avait su employer celui des autres.

L'esprit de finesse lui faisait défaut, mais pas le sens des affaires. Avec un franc, il savait en trouver deux et entretenait de solides relations dans les milieux politiques. En vingt ans, il avait conquis le pouvoir dont il avait toujours rêvé. Ses ennemis croyaient l'humilier en soulignant que son nom rimait avec Rastignac. Ils ignoraient que depuis son adolescence, il se le répétait tous les jours en s'endormant comme une prière du soir.

Donzenac avait rapidement séduit Philoctète. Tout s'était décidé à l'occasion d'une cuite monumentale boulevard Saint-Germain. Entre la rue du Four et la rue de Buci, où tant de jeunesses se sont si complètement perdues, ils avaient parlé de filles et de poésie une bonne partie de la nuit. A la fin, Donzenac était passé de Rimbaud à Mozart. Il avait chanté en italien un air amoureux de *Don Giovanni.* Philoctète s'était dit qu'un type capable d'une telle prouesse valait le coup. Généreux à ses heures, rigolard, têtu comme un première ligne de rugby, Donzenac savait être attachant. Philoctète avait besoin d'être encouragé. L'affaire avait été conclue. Il avait promis à Donzenac d'écrire des chansons.

16 avril

Clara et Philoctète avaient repris leur route et approchaient du Mans. A l'ouest, le ciel d'un joli bleu, fragile comme un vase de Chine, annonçait une journée de printemps ensoleillée au bord de l'Océan. Ce présage favorable enchanta Philoctète.

Depuis plusieurs minutes, il tournait le bouton de fréquence de l'autoradio. Une purée assourdissante sortait des enceintes. Clara lui demanda de mettre un terme à ses manipulations.

— C'est important ! assura-t-il.

Philoctète, qui prétendait réserver son estime aux sports inscrits au programme des Jeux olympiques cinq siècles avant Jésus-Christ, se passionnait subitement pour le football. Clara l'avait pourtant entendu dire que seuls la course à pied, le saut, la lutte, le disque et le javelot trouvaient grâce à ses yeux. Il s'en tenait à la liste établie par Homère au chant XXIII de l'*Iliade*. Il lui arrivait de s'intéresser au trot attelé. A Clara, surprise d'apprendre qu'il pariait les jours de tiercé à Vincennes, il avait expliqué que les courses de chars faisaient partie des épreuves des Olympiades.

Philoctète n'obtint pas son résultat de football. La veille, un club français avait été défait par un club italien. L'Histoire ne repassait pas les plats, mais celle-ci avait un goût de réchauffé. Philoctète s'en moquait. Il cherchait juste un moyen de masquer son trouble.

Lorsqu'ils avaient quitté la station-service, Clara lui avait confié à quel point elle aimait faire l'amour avec lui. "Baiser", avait-elle dit, très précisément. Philoctète, qui déclarait n'avoir de goût que pour les femmes libres et les noces païennes, s'était senti débordé. D'habitude, c'est lui qui troublait ses maîtresses en dissertant sur la grammaire des corps. Là, il avait été piégé.

Ce mouvement d'enveloppement par les ailes avait été mené à la vitesse de l'éclair. L'exécution parfaite de cette manœuvre avait eu quelque chose de militaire. Clara s'était révélée un formidable stratège. Philoctète avait dû capituler. Il s'était tu.

Clara, qui regardait toujours la route devant elle, caressa la cuisse de Philoctète de la main droite. Elle avait compris le manège de son passager. Son aplomb couvrait sa timidité comme un manteau de Noé. Philoctète était un perpétuel insatisfait. Cela surprenait ceux qui le connaissaient mal : il avait la certitude d'être prédestiné à l'échec. Son assurance était un masque, un jeu, une diversion. Résigné à demeurer un perdant magnifique, il voulait assigner à chacune de ses défaites un éclat solennel.

Clara aimait le défier. Il ne lui avait pas fallu longtemps pour comprendre son fonctionnement. Philoctète réagissait comme un enfant. Sa science se doublait d'une totale immaturité. Ses peurs, ses désirs, ses rêves étaient ceux d'un gosse. Clara estimait qu'à force de réfléchir, il avait oublié de franchir certaines étapes.

— Arrête de me psychiatriser ! hurlait Philoctète lorsqu'elle lui faisait part de ses réflexions.

— Je ne te psychiatrise pas, je te psychanalyse !

Il poussait alors des hurlements d'animal blessé, furieux d'être médicalisé, alors qu'il ne croyait qu'au mystère, à la magie, à la grâce, des choses qui n'ont pas leur place dans les cliniques.

Clara repensa à ce qui s'était passé la veille.

— Finalement, tu es moins prude que tu en as l'air.

— Mais pourquoi tu dis ça ? Je n'ai jamais été prude !

— Jamais ?

— Pas plus que le reste de ma génération ! C'est l'époque qui est prude. Lorsqu'on a commencé à accompagner les copains morts du sida au Père-Lachaise, on a compris que l'ère des grandes partouzes de papa était close… Mais pourquoi faire de moi un puritain ? C'est comme si tu me traitais de fesse-mathieu parce que l'argent ne tombe plus aussi facilement qu'il y a vingt ans… Personne n'a plus l'idée de jeter les billets de banque autour de lui par poignées… Que veux-tu que je te dise ? Qu'il s'agisse de sexe ou de pognon, nous vivons une époque d'économies obligées.

— Je n'ai jamais eu de livret de Caisse d'épargne.

— Moi non plus !… Et crois-moi, je serais ravi de retourner vingt ans en arrière pour aller vivre à poil avec toi à Woodstock… Mais c'est fini les conneries… L'heure est au cybersex, à la masturbation à distance et aux branlettes sur ordinateur… Tu crois que ça me fait plaisir ? Le cul est partout et plus personne ne tire son coup. Je regrette l'époque des bobinards dans lesquels les petites Bretonnes qui débarquaient à la gare Montparnasse trouvaient un emploi sur l'heure. C'était autre chose que le fist-fucking, les gang-bands et le safe-sex. Que veux-tu que je te dise ? Je n'aurais jamais connu tout ça. La prostitution, aujourd'hui, se résume aux Ghanéennes de la rue Saint-Denis et aux travelos du bois de Boulogne… Une industrie comme une autre…

— Pourquoi ramènes-tu toutes les questions sur un terrain sociologique ? Je veux que tu me parles de ton plaisir, et tu me fais un cours magistral.

— Je te fais pas un cours magistral, je te parle de l'époque que nous traversons. Tu ne serais pas ici avec moi si tu ne partageais pas le dégoût qu'elle m'inspire.

— Je n'en sais rien. Je persiste à regarder les choses du point de vue de l'individu. Je crois qu'on aura toujours plus besoin de psychologues que de sociologues.

— Et les suicides, et la drogue, et les névroses ? Tu vas me faire croire que les psychismes se sont déréglés tout seuls ? Qu'il n'y a pas une violence qui s'exerce de l'extérieur ?

— Si.

— Alors ! Je ne comprends pas cet angélisme qui consiste à demeurer attaché au rêve puéril d'un monde meilleur. Tu es assez naïve pour attendre le jour où on sera tous libres, tous égaux, tous fraternels ? Et puis quoi encore ? Tous drôles ? Tous géniaux ? Tous généreux ? Ne me dis pas que tu attends encore le jour béni où on prendra notre pied en communauté !… La

Grande Orgie universelle !... Sors du lyrique, mon bébé, nous vivons une putain d'époque tragique. Les partouzes, c'est pas des trucs de notre génération.

— Pourquoi tu dis ça ?

— Mais parce que c'est fini le temps où on se foutait à poil après avoir bu un verre et où on s'enfilait après en avoir bu deux. Nous sommes dans l'ère des zizis ramollis. Chacun pour soi, chacun chez soi. Pas question de partager avec les copains...

— Ça dépend des fois.

— Tu vas quand même pas me raconter que tu organisais des bacchanales avec tes petits camarades de lycée ! Que vous vous retrouviez le samedi soir pour baiser en chœur...

— Pas avec mes camarades de lycée.

Philoctète faillit se sentir mal. Une seule fois, dans sa vie, une femme lui avait fait une telle confidence. Elle était mariée à un producteur de cinéma, mère de deux enfants et devait avoir un peu plus de quarante-cinq ans. Un soir, chez des amis, elle avait décrit à Philoctète les années soixante-dix à Paris avec des couleurs de paradis perdu. Vingt ans les séparaient. En l'écoutant, Philoctète avait réalisé que l'humanité s'était profondément modifiée durant cet intervalle. Une mutation radicale s'était produite qui n'avait épargné ni l'érotisme, ni la spiritualité.

Les hommes n'habitaient plus la même planète : le monde peint par cette femme n'était pas celui que Philoctète connaissait

Elle avait raconté sans frime certaines soirées avec ses copains d'autrefois, leurs corps dont ils disposaient joyeusement, le plaisir qu'ils avaient conquis. Ça avait fait quelque chose à Philoctète d'entendre cette brune encore attirante évoquer ce passé voluptueux. Elle avait aimé ce temps-là, elle le reconnaissait sans honte, même si elle avait tourné la page sans regrets.

Désormais, elle avait une voiture familiale, un portefeuille d'actions, un appartement à la mer, un chalet à la montagne. Son cœur restait à gauche, mais elle votait centre droit – "parce que B*** ne cherche pas à décourager systématiquement les entrepreneurs", avait-elle expliqué calmement.

Philoctète se souvenait très exactement du moment où elle avait prononcé ces mots. Il était environ onze heures trente.

Une belle journée d'été s'achevait dans la cour intérieure d'une petite maison de la Butte-aux-Cailles. La soirée s'était bien déroulée jusque-là. Leurs hôtes, un architecte et sa femme, avaient dressé les tables dehors. Les invités étaient une vingtaine. Ils appartenaient tous à la même génération, à l'exception de Philoctète, qui avait l'habitude d'être convié à des soirées organisées par des gens qui avaient l'âge d'être ses parents.

Après une assiette de jambon de Parme servie avec des figues, ils avaient mangé d'excellents petits rougets cuits en papillote avec du thym frais, des poivrons, des tomates, de la fleur de sel.

Philoctète, qui savourait silencieusement la note florale du bandol blanc servi avec le poisson, était resté plus réservé que d'habitude. Ce château-de-pibarnon 1990 méritait qu'on le dégustât avec attention. Lorsque des bouteilles de bordeaux étaient arrivées sur la table au moment du fromage, Philoctète était devenu nettement plus agressif. Il aimait le château-chasse-spleen, mais il n'arrivait pas à dissiper sa mélancolie.

Il avait repris certains propos, raillé l'insignifiance de quelques idées. Des architectes, qui jouaient les artistes, avaient geint tout au long du repas au sujet des impôts. Ils en étaient arrivés à se plaindre des retards de paiement de l'Etat dans les concours publics. Philoctète n'avait pas pu s'empêcher de s'esclaffer. D'un regard, son hôte lui avait demandé de se taire.

Puis était venue, au moment du café, la conversation avec cette femme, qui s'appelait Eva, sur la situation faite à l'amour dans les temps modernes. Ils étaient installés à l'écart, autour d'une table en fonte recouverte d'une nappe aux motifs provençaux, près d'un bouleau minuscule. Le café était accompagné de *grappa*. Les convives commençaient à être légèrement brindezingues.

Eva avait la drôle de manie de toucher l'épaule de Philoctète lorsqu'elle lui parlait. Il ne lui était même pas venu à l'idée de se plaindre, il enregistrait avec application. Autour d'eux, des pipistrelles tournoyaient et disparaissaient en rasant les murs. Les secrets d'Eva passionnaient Philoctète. Il ne voulait rien en perdre, persuadé que ce témoignage lui permettrait, avec tant d'autres, d'identifier les catastrophes sociales provoquées par la modification des mœurs. Toujours le vieux rêve balzacien !

Philoctète, qui ne manquait ni d'ambition ni de confiance dans ses forces, voulait comprendre comment d'un monde, on avait basculé dans un autre. Il assurait être un enquêteur métaphysique et traquait les nœuds, les interstices, les points de rupture.

Eva avait vaguement été séduite ce soir-là. Alors elle s'était laissée aller. La vie est pleine de ces moments inattendus au cours desquels un individu cesse d'être avare de confidences.

Leur échange s'était bien déroulé jusqu'à ce qu'elle évoquât son vote lors des élections présidentielles, six semaines auparavant. C'est alors qu'elle avait parlé de flexibilité et d'investisseurs.

Philoctète avait cru rêver. Voici ce qu'était devenu l'attachement à la liberté d'une femme qui, vingt-cinq ans auparavant, jouissait sans entraves. Sa génération avait fait table rase du passé pour en arriver là. Eux qui prétendaient mépriser toutes les lois en étaient réduits à défendre celles du déterminisme économique.

Philoctète avait expliqué à Eva que l'immoralité, dans sa vie, ne résidait pas là où on aurait pu le croire. Les vieilles lignes de défense qui avaient sauté avaient permis l'instauration d'un monde carnassier, violent, impitoyable. Le plus fort était désormais autorisé à écraser le plus faible. Et pendant ce temps-là, elle parlait de ne pas décourager les entrepreneurs !

Eva avait semblé confuse. Comprenant qu'il en avait fait assez, Philoctète s'était levé et avait quitté la soirée. Il était furieux.

— Plus de flexibilité pour attirer les investisseurs !... Plus de flexibilité pour attirer les investisseurs !... avait-il répété, rageusement, en rentrant chez lui dans la nuit étoilée.

L'histoire de Clara n'était pas comparable. Philoctète en connaissait quelques épisodes.

Entre Le Mans et Laval, à travers une Sarthe qu'il ne prit pas le temps de regarder, il en recueillit d'autres avec une attention religieuse. Cela tenait du mystère. Clara était la première personne qu'il eût jamais écoutée avec une telle sincérité. Sa vie l'intéressait. Il la trouvait exemplaire.

— Tu es la première femme que je rencontre qui ait su opposer à la mesquinerie de son siècle une noblesse d'héroïne, lui avait-il confié quelques heures avant leur départ pour Saint-Malo.

Clara n'avait rien répondu. Elle n'était pas certaine d'avoir deviné ce que cachait cet étrange compliment. Les louanges de Philoctète la déroutaient, même si elle les recevait avec joie.

Elle fut heureuse de retracer son odyssée insolite dans l'univers des nuits parisiennes. Ces histoires remontaient maintenant à plusieurs années. Cela faisait longtemps que Clara cherchait quelqu'un capable de comprendre son expérience. La curiosité de Philoctète n'était pas malsaine. Il l'écouta avec une infinie délicatesse. Manifestement, il s'efforçait de percer un secret et ne voulait pas troubler l'espèce d'harmonie qui autorisait à Clara à s'exprimer en toute liberté. Ce qu'elle lui raconta n'entrait pas toujours dans les canons de la morale universelle. A aucun moment, pourtant, il ne fut tenté de la juger. Cela lui arrivait rarement. Clara jouissait d'un privilège unique. Il acceptait, venant d'elle, ce qu'il n'aurait toléré chez personne d'autre.

Clara faisait partie de ces êtres peu nombreux qui n'ont jamais ressenti le besoin de s'affranchir de leur éducation. Il est vrai qu'elle n'avait pas hérité de ses parents de règles très contraignantes. C'était une des raisons de sa force, mais c'était aussi l'origine de son indécision. De bonnes vieilles inhibitions et une morale démodée sont quelquefois utiles pour mettre le feu à la terre. On a du petit bois à se mettre sous la main.

Clara n'avait jamais su quoi incendier. Sa fragilité venait de cette ignorance. L'ennemi, dans sa vie, n'était pas clairement identifié. Cela ajoutait à sa naïveté. Les discours militants de sa famille communiste n'étaient jamais parvenus à la convaincre que le mal était d'origine sociale. Elle continuait à chercher le secret de la férocité du monde. Un peu seule par moments, toujours belle dans sa détermination, elle luttait avec une vitalité intrépide.

Son enfance avait baigné dans une utopie libertaire. C'était très à la mode, même chez ceux qui étaient entrés au Parti à l'époque de Maurice Thorez. Des pédagogues inconscients assuraient que chacun devait être l'artisan de ses propres références.

— L'hétéronomie, voilà l'ennemi ! proclamaient-ils.

Ce régime, qui avait laissé nombre d'individus complètement désarmés, avait convenu à Clara. Mais sa route s'était révélée longue et pénible. Matérialiste absolue, elle avait su se forger une manière de stoïcisme à l'usage des temps obscurs.

Elle, qui n'avait certainement jamais lu une ligne d'Epictète ou de Cicéron, attendait la tranquillité morale d'un long travail de sa volonté pour purifier ses passions. Elle croyait en sa liberté intérieure et ne regardait jamais derrière elle. Les vertus antiques qui se partageaient son âme ensorcelaient Philoctète.

Au cours de cette longue confidence dont certains aspects auraient dû lui paraître détestables, leur charme s'exerça mieux que jamais. Clara ne lui cacha rien. Il était trop tard pour mentir. Oui, elle avait essayé l'amour à trois, à quatre, à cinq, à dix. Oui, elle avait eu des expériences homosexuelles. Oui, elle avait tourné des films amateurs dont elle avait ensuite brûlé les bandes. Oui, elle avait fréquenté des clubs où l'on soignait les mises en scène.

Et alors ? Alors rien. Ce passé commençait à être lointain. Il ne reviendrait pas, elle n'avait pas envie de le retrouver. Elle eut des mots très durs pour décrire les êtres qu'elle avait fréquentés. Quelques aventures lui avaient causé une sombre terreur. En certaines occasions la peur était devenue insupportable.

Elle n'en serait pas sortie indemne si elle n'avait pas su tourner la page brusquement, changer d'appartement et de téléphone, renouveler son carnet d'adresses et passer à autre chose.

Philoctète sourit en entendant ces derniers mots.

— Sais-tu comment Lacan définit la liberté ? demanda-t-il.

— Non.

— Passer à autre chose. Ce que tu viens de me raconter est sans doute consternant. Je ne te ferai pas la leçon. Cela n'en demeure pas moins le signe de ta liberté. Tu as su passer à autre chose.

Du miel enveloppa le cœur de Clara : Philoctète citait Lacan, il voulait être gentil avec elle. La jeune femme ne mesura pas l'embarras de son ami, elle ne vit pas que les idées remuaient dans sa tête comme des billes dans un sac. Il était stupéfait.

L'enquêteur métaphysique qu'il prétendait être avait découvert une piste à laquelle il ne s'attendait pas. Il remua doucement la tête. On aurait dit qu'il cherchait à se persuader qu'il n'avait pas rêvé. Ce qui l'avait le plus étonné dans les confidences de Clara, c'est qu'elle semblait avoir conservé la plénitude de ses exigences morales jusque dans les situations les plus extrêmes.

Elle avait été un témoin curieux plus qu'un acteur. Les individus à la fois attachants et abjects qu'elle avait fréquentés autour de sa vingtième année n'étaient jamais parvenus à forcer les barricades mystérieuses de son âme. Elle avait conservé une pureté qui lui permettait d'évoquer ce passé en toute sérénité.

— Je n'ai jamais vu, murmura Philoctète, quelqu'un qui eût dans le vice conservé autant de respect pour la vertu.

Il pastichait Retz pour faire le malin. Sa confusion était grande. Il se souvint qu'au premier regard, il avait décelé chez Clara une disposition éminente. La ferveur qu'il avait conçue pour elle était confirmée par ce qu'il venait d'entendre. Clara avait su explorer certains recoins les plus sombres de l'époque avec une intelligence et une retenue inouïes. Bien d'autres à sa place n'en seraient jamais revenus. Philoctète savait ainsi qu'une telle épreuve eût été au-dessus de ses forces. Il aurait plongé la tête la première dans la débauche. Il n'aurait jamais refait surface.

Il regarda encore Clara. Elle était entièrement occupée par sa conduite. Philoctète était de plus en plus ému, comme si les confidences de la jeune femme agissaient à retardement.

— Je connais quelqu'un, lui dit-il d'une voix rauque, qui répète que la morale ne compte pas, que seule importe la grâce. Je n'avais jamais très bien saisi où il voulait en venir. Aujourd'hui, j'ai compris. Ce que tu viens de me raconter m'a ouvert les yeux. Non, décidément, la morale ne compte pas. Et toi, tu as la grâce.

Il était presque huit heures. Des larmes firent briller les yeux de Clara. Philoctète les regarda trembler au coin de ses paupières. Quelques instants encore, elles restèrent suspendues à ses cils. Puis elles glissèrent, doucement, le long de son visage.

26 mars

Longtemps, Philoctète s'était passé de réveil. Quelle que fût l'heure à laquelle il s'était couché, il se levait à six heures et demie, se brossait les dents, se rasait, prenait une douche puis s'habillait sans attendre. Vingt minutes plus tard, il sortait de chez lui.

A sept heures, il avalait un café sur le zinc d'un troquet familier et discutait avec les bouchers, les poissonniers, les maraîchers venus faire une pause. C'est là qu'il prenait connaissance des nouvelles du jour, au café du Commerce, comme disent ceux qui étaient allergiques à cette vie multiple, grouillante, colorée.

Cette époque avait pris fin. Depuis plusieurs mois, Philoctète avait renoncé à l'ordonnance lacédémonienne de sa vie. Pour employer une image qui lui aurait convenu, il était passé de Sparte à Athènes, Athènes la philosophe, la bavarde, la jouisseuse. Il s'était acheté un réveil, il mettait plus de temps à se préparer le matin. Des livres s'entassaient autour de son lit, il lui arrivait d'apprécier ce désordre. Avant de se lever, il relisait une page ou un chapitre, quelquefois un ouvrage entier.

Il fréquentait toujours le même bistrot, mais les gens qu'il y retrouvait étaient moins intéressants. C'était des commerciaux, des gentils cadres à qui il lui arrivait rarement d'adresser la parole. Ils avaient pour unique sujet de conversation le prix de leur voiture, les découverts de leurs comptes en banque ou les dispositions du crédit de leur équipement informatique.

Le 26 mars, le réveil de Philoctète sonnait depuis quatre-vingt-trois secondes lorsqu'il fit cesser son odieux signal électronique. Il émergeait. Des rêves indociles avaient peuplé sa courte nuit.

Il s'était réveillé plusieurs fois, incapable d'en saisir les images, ou plutôt l'image, la seule image, celle de Clara. Elle n'avait pas cessé de tourmenter ses songes, imprécise, souple, vaporeuse à certains moments, nette, détaillée, pressante à d'autres.

Six heures auparavant, il avait quitté la jeune femme place Denfert-Rochereau, près d'un pavillon de l'ancien octroi. Avant qu'elle ne montât dans un taxi, il lui avait demandé son numéro personnel. Curieusement, elle le lui avait donné. Elle semblait sur la défensive à la fin de leur conversation. Philoctète se souvenait de certains mots amers. Elle se méfiait. Il avait eu pour unique ressource de faire semblant de ne pas comprendre.

Philoctète attrapa le téléphone sur sa table de nuit. Il fit un rapide effort de mémoire : Ain, Loir-et-Cher, Loiret, Manche, Sarthe. Sa vieille affection pour la géographie expliquait la facilité avec laquelle il retenait les numéros grâce à la carte de France.

— Bonjour, c'est Philoctète.
— Philoctète. Je t'avais presque oublié.
— Ce n'est pas très gentil.
— Ne me dis pas que tu t'es réveillé en pensant à moi ?
— Hélas.
— Quelle heure est-il ?
— Huit heures vingt.
— Ce n'est pas une heure pour téléphoner aux gens.
— Nous en arriverons vite au point où les lieux et les heures ne compteront plus.
— Pourquoi tu dis ça ?
— Je repense à notre conversation d'hier soir.
— Je t'ai quitté en te détestant.
— Me détestant ?
— Oui, ta morgue, ton arrogance, ta facilité. En te parlant, j'ai retrouvé un passé que je croyais définitivement enterré. Crois-moi, je ne suis pas ton type de femme.
— Tu me prends pour Swann ?
— Qui ça ?
— Charles Swann, le mari d'Odette, le père de Gilberte.
— De quoi me parles-tu ?
— De Proust.
— Voilà justement ce que je craignais. Je n'ai pas lu Proust, et alors ? Je n'ai pas envie de vivre avec un homme qui me rappelle mon ignorance tous les quarts d'heure.
— On essaiera d'espacer un peu plus les moments proustiens. Ou bien je m'en tiendrai à des allusions triviales, la madeleine, la petite phrase de Vinteuil, les Verdurin.
— Mais même ça ! C'est du chinois pour moi ! Je n'ai pas fini de te décevoir, Philoctète. Tu

dois avoir dans ton carnet d'adresses au moins une dizaine de filles prêtes à parler de Proust avec toi. Je crois qu'il serait plus sage que tu t'intéresses à elles.

— Que tu t'intéressasses.

— Tu continues ?

— Je joue.

— J'aimerais en être certaine.

— Si tu as vraiment peur d'avoir affaire à un sadique, raccroche !

— Tu rappelleras.

— Non.

— Alors je n'ai pas envie de raccrocher.

— C'est ce qu'il me semble.

— Philoctète.

— Oui ?

— Je ne veux pas être amoureuse de toi.

Donzenac aimait être en retard. Philoctète ne s'inquiétait pas. Il essayait de terminer une grille de mots croisés dans un quotidien de la veille. Une définition lui donnait du fil à retordre.

"Mieux vaut tard que jamais", en neuf lettres, commençant par *a.* Atteindre ? Augmenter ? Approuver ?

Autour de Philoctète, les serveurs s'agitaient. Le jeune homme ne prêtait pas attention à leur manège. Donzenac avait le malheur d'apprécier les brasseries bruyantes. Les tables étaient serrées, les plats surgelés, mais il était heureux de payer cher. Philoctète avait renoncé à lui faire perdre ses goûts de maréchal d'Empire.

Donzenac, qui était né à Paris, se plaisait dans son rôle de provincial enrichi. Personne ne se souvenait qu'il avait fréquenté le lycée

Montaigne et qu'il avait été inscrit à la Sorbonne. Au début des années soixante-dix, il avait fui la capitale. Il était revenu après dix années d'exil dans l'Aveyron et jouait les culs-terreux dans les salons en parlant avec l'accent de là-bas.

Il n'avait pas cessé d'accentuer ses manières depuis que Philoctète le connaissait. Sa rusticité était affectée. Il parlait fort, mangeait mal, écumait les vernissages en pataugas. Il fallait que l'on sût partout qu'il était le plouc vainqueur de Paris.

En quelques années, il avait fait tomber toutes les forteresses qu'il avait prises d'assaut. Sa maison de production avait additionné les succès. Il avait investi avec bonheur dans le cinéma. Ses liens avec le pouvoir politique lui avaient ouvert les portes de la commission d'avances sur recettes. Il était chargé de mission au ministère de la Culture et décidait de l'attribution de subventions importantes. Il était devenu quelqu'un. On n'aimait pas toujours ce parvenu qui tutoyait les ministres, mais on le craignait.

Les magazines s'arrachaient ses chroniques. Sa gueule, son style et son exubérance plaisaient aux lecteurs. Ce qu'il racontait n'avait pas beaucoup de sens mais convenait à l'époque. Il brodait, inventait, ornementait. Il savait convoquer Arthur Rimbaud et Michel Platini, le capitaine Fracasse et Bob Dylan pour redonner des couleurs à l'éditorial d'un hebdomadaire féminin.

Philoctète se souvenait l'avoir entendu raconter à une émission de variétés qu'il avait pleuré le jour de la mort de Heidegger. Son culot n'avait aucune limite. En 1976, il était employé chez un disquaire de Millau et prenait Heidegger pour une marque de bière batave. Le ridicule ne lui faisait pas peur. Une autre fois, à un journaliste qui lui demandait quels livres il lirait pendant l'été, il avait répondu qu'il emporterait *La Phénoménologie* de Hegel à la plage. Quelques semaines plus tard, il avait publié dans un magazine une nouvelle intitulée *Reading Hegel on the beach*.

Donzenac possédait un don extraordinaire, il révélait la bêtise de son époque. Il pouvait raconter n'importe quoi, il se trouvait toujours quelqu'un pour prendre ses facéties au sérieux.

Cet abuseur s'était inventé une histoire, des amours, des exploits, avec la liberté d'un romancier. La manœuvre avait fonctionné. Dans le Paris des années mille neuf cent quatre-vingt-dix, il avait solidement établi sa réputation. Les maîtresses de maison le réclamaient ; les jeunes filles rêvaient de sentir sur leur corps ses mains qu'elles imaginaient calleuses ; les journalistes possédaient tous son numéro de téléphone.

Une notice nécrologique ? Un commentaire politique ? Une victoire sportive ? C'est Donzenac qu'on interrogeait, lui le péquenot ingénu, aussi pur à Paris qu'un Huron à Versailles.

Philoctète avait longtemps marché dans la combine. Ils étaient ainsi une dizaine autour de Donzenac à s'amuser à choquer le bourgeois en pelotant les filles, en multipliant les provocations et en déclenchant des bagarres dans les soirées. Ils croyaient former un phalanstère d'anarchistes dissidents. Chacun avait son rôle dans leur petite tribu. Il y avait le poète maudit, le prof hypocondriaque, le grand bourgeois voyageur, le musicien inverti, le père de famille, le cinéaste alcoolique, la nymphomane catholique. Philoctète, c'était le Grec ancien. On lui demandait généralement de parler de Platon lorsque le jour se levait, et que tout le monde était fatigué.

A la suite d'une provocation ordinaire, un quotidien national les avait traités de fascistes. A l'époque, c'est ce qu'on racontait lorsqu'on ne savait plus quoi dire. Les uns étaient persuadés de se complaire dans le vice, les autres se drapaient dans le manteau de la vertu.

Philoctète avait cru renouer avec la part maudite, la philosophie dangereuse capable de faire trembler le monde.

Il lui avait fallu plusieurs mois pour comprendre qu'il se laissait enfermer dans un rôle. Donzenac et ses protégés, romanciers, poètes, journalistes, acteurs, chanteurs, ne faisaient trembler personne. Les bravades leur réussissaient même plutôt bien.

Le bar de l'hôtel Lutetia était devenu leur quartier général. La nuit, ils dînaient dans des endroits à la mode, à la table de ceux qu'ils brocardaient le jour. Ils méprisaient leurs contemporains, citaient Bakounine et Sheila, buvaient du cognac Delamain.

Philoctète avait vingt-cinq ans. Les mots ne voulaient plus rien dire ; les idées flottaient en l'air comme des bulles de savon ; les concepts étaient devenus des gadgets publicitaires. Dans les journaux, ses amis et lui étaient comparés aux grands auteurs. On les montrait aux côtés de vedettes de cinéma. On publiait leur photo en caleçon dans la fontaine des jardins du Trocadéro.

Et pourtant ils n'étaient rien, désespérément rien.

Philoctète savait qu'il devait son succès à des poèmes écrits à vingt ans et recyclés à la demande de Donzenac. Au moment de leur composition, il louait une chambre de bonne et survivait, superbement, avec quelques milliers de francs par mois. C'est ainsi qu'on envisage la pureté à cet âge. Plus tard, on enrage d'être incapable d'une telle vigueur. Il caressait des filles aux corps soyeux. Ils faisaient l'amour toute la journée. La nuit tombée, il leur écrivait des poèmes en les écoutant respirer.

A cette époque, Philoctète avait créé une revue baptisée *Incertitude*. Cet élégant fascicule rassemblait les textes, les fictions, les chansons, les dessins, et les collages d'un groupe d'amis parfois pasticheurs de leurs maîtres, mais souvent inspirés. Un vers de Baudelaire, reproduit sur la couverture, leur servait de manifeste : "Ange plein de gaieté, connaissez-vous l'angoisse ?"

Baudelaire, encore une passion que Philoctète tenait de sa mère, encore une raison de lui conserver une ineffable affection qu'il avait renoncé à lui exprimer en ce monde, et qu'il n'était pas certain d'avoir l'occasion de lui exprimer dans un autre.

Philoctète pensait avoir accédé au miracle de l'incarnation grâce aux *Fleurs du mal*. Il n'avait jamais oublié l'impression qu'avait causée la découverte de mots plus lourds, plus rouges, plus mobiles que d'autres, sur l'enfant qu'il était. Il avait dix ans lorsqu'à l'école, on lui avait demandé de recopier et d'apprendre par cœur un poème. Ses camarades avaient choisi des niaiseries de Prévert, d'Eluard ou, pire encore, de René Char.

Philoctète avait demandé à sa mère le volume vert de Baudelaire qui ne quittait jamais sa table de nuit. Pour la première fois de sa vie, le papier bible de la Pléiade lui avait donné l'impression d'accéder à un monde sacré. Il avait choisi *Invitation au voyage*. Des images lui avaient plu, sans qu'il pût dire pourquoi.

Dix ans plus tard, elles agissaient toujours en son âme ; *Incertitude* était née sous l'invocation de Baudelaire.

Imprimée à deux cent cinquante exemplaires, la revue était distribuée gratuitement dans quelques pubs de la rive gauche. Pour rien au monde Philoctète et ses compagnons n'auraient accepté de la vendre. Le troc était la seule forme d'échange à laquelle ils consentaient. Dans les tavernes du Quartier latin repeintes aux couleurs de leurs rêves, ils expérimentaient une éthique du don mystérieuse à leurs contemporains.

Lorsque Donzenac avait découvert *Incertitude*, il avait compris qu'un feu sacré consumait ses animateurs. Il avait tout de suite imaginé le profit qu'il pourrait tirer de ces mélancoliques.

— Je serai votre Laurent le Magnifique ! avait-il juré.

Ces naïfs avaient accepté. La générosité de leur mécène avait prolongé de quelques mois l'existence de leur publication.

La ligne éditoriale d'*Incertitude* n'avait pas changé. Donzenac était trop habile pour s'aliéner ses rédacteurs ombrageux.

Il avait attendu avant de leur parler de leur vocation d'agents doubles. Il fallait qu'ils fussent dans le monde sans en être. Ils devaient prendre les places convoitées par leurs adversaires. Leur intelligence, leur force intérieure, leur sens tactique leur permettaient de se compromettre sans être compromis.

— Dissimulons ! Dissimulons ! répétait Donzenac.

Philoctète n'avait jamais oublié leurs longs colloques au bar du Lutetia. Les rédacteurs d'*Incertitude* écoutaient leur aîné religieusement. C'était l'époque où Donzenac avait commencé à parler de changement de stratégie. Il employait des métaphores militaires pour leur signifier qu'il fallait tourner la page.

— Votre unique objectif, assurait-il entre deux cigares, est d'être victorieux. Si vous voulez faire la charge de la brigade légère, sabre au clair, on mettra la caméra, tout le monde sera tué. Ce sera magnifique, mais le problème est de savoir ce qui est le plus efficace. La guerre, on peut la conduire de bien des façons. La meilleure, à mon sens, c'est la défensive… Voyez Clausewitz… Les attaques prématurées, les charges héroïques ne mènent à rien…

Aux uns, il avait proposé des travaux de scénariste, aux autres, des contrats d'édition. A Philoctète, il avait demandé d'écrire des chansons. Un petit noyau d'irréductibles avait refusé ses offres, maugréé, parlé de transactions avec le diable.

— Rassurez-vous, leur avait-il répondu. Vous avez devant vous une toute-puissance fragile qui n'a aucune vue stratégique, donc qui ne sait pas se conduire dans le temps – qui n'a aucune réserve de temps. Lorsque vous aurez franchi la ligne de repérage, vous le sentirez aussitôt…

Cela n'avait pas empêché l'équipe de la revue d'éclater.

Philoctète avait suivi Donzenac. Ses premiers succès étaient venus. Pendant deux ans, il avait vécu dans l'euphorie. Il avait fini par se rétracter. Un soir, il avait expliqué à Donzenac qu'il arrêtait. Le producteur avait continué à le solliciter. Philoctète avait dilapidé ses avances sans lui rendre le moindre travail.

Donzenac l'avait supplié. Les flatteries, les douceurs, avaient été aussi vaines que les cris et les pleurs. Philoctète était ailleurs.

Le producteur n'avait jamais réussi à le comprendre. Il invitait régulièrement Philoctète à déjeuner dans l'espoir de le faire revenir à des sentiments plus accommodants. Il appréciait sincèrement ce garçon. Cet homme qui incarnait la corruption de son époque, ce flatteur susceptible de tous les détournements, restait capable d'admiration. Il n'avait jamais renoncé à aimer ce qu'il avait renié. Le bougre trouvait des accents touchants pour parler du passé. Il savait dire les regrets et les peines, le poids des souvenirs, celui des rendez-vous manqués et des passions dissipées. Quelques mots lui suffisaient pour raviver les ardeurs.

Philoctète le connaissait trop pour être dupe encore une fois. Il avait de plus en plus de mal à le supporter. Donzenac l'agaçait. Ses retards systématiques n'arrangeaient rien à l'affaire. C'était la curiosité du jeune homme qui le poussait à accepter les invitations de son aîné. Quelques vieilles histoires lui avaient laissé un goût amer. Il espérait pouvoir les élucider.

Toujours penché sur ses mots croisés, Philoctète l'attendait depuis plus de cinquante minutes. Cet introuvable mot de neuf lettres commençant par *a* avait fini par l'agacer. "Mieux vaut tard que jamais"… Armistice ? Agitation ? Apothéose ? Habituellement, il s'accordait une demi-heure pour remplir une telle grille. Cela faisait presque une heure qu'il cherchait.

Autour de lui, des cadres bancaires dissertaient sur des problèmes informatiques. Leurs propos formaient un fond sonore auquel il ne prêtait pas attention. Quelques mots étranges entendus par hasard lui firent cependant tendre l'oreille. Ils employaient un curieux sabir. Ce n'était ni du français, ni une langue étrangère.

— En cas de nécessité, expliquait un homme à son collègue, un canevas de reporting se substitue aux annexes…

Philoctète voulut se persuader qu'on se jouait de lui. Il était cruel d'entendre des hommes qui semblaient raisonnables, instruits, délicats, s'exprimer de cette manière.

Il les dévisagea avec attention. L'un et l'autre paraissaient avoir une trentaine d'années. Philoctète se dit qu'ils avaient sensiblement le même âge que lui. Ils auraient pu être camarades au lycée. A quinze ans, ils auraient même fraternisé.

Leur habillement était anodin. Une cravate jaune sur une chemise à carreaux bleus pour l'un, un polo noir pour l'autre. Ils avaient des bouilles sympathiques, pas des têtes de requins.

En les écoutant, Philoctète essayait de comprendre ce qui s'était passé, en un peu plus d'une décennie, pour que ces garçons qu'il aurait pu fréquenter, avec lesquels il aurait pu partager des rêves, des filles, des muffées, fussent devenus des étrangers. Leur langage en faisait des ennemis. Philoctète n'aimait pas les idées belliqueuses, mais il fallait en convenir.

Ces types, qui étaient probablement de bons époux, de bons citoyens, de bons pères de famille, avaient accepté les mots d'un monde en miettes.

Philoctète se demanda s'ils avaient quelquefois des scrupules. En les entendant déplorer que leur système informatique ne fût pas *utilisatoire*, il ne voulut même pas connaître leur réponse.

Un jargon de robots contaminait désormais toutes les conversations. Il allait falloir se cacher pour parler français.

Philoctète vit qu'il était déjà deux heures dix. Il avait faim mais ne voulait pas déjeuner dans cette brasserie. Donzenac ne viendrait plus. Le jeune homme décida de quitter les lieux.

Il chercha de la monnaie dans sa poche pour payer son verre. Un très bon sancerre, servi trop froid. Les restaurateurs avaient la manie de congeler le vin blanc et personne ne protestait.

Philoctète replia son journal et se leva. Il manquait toujours un mot à sa grille de mots croisés. Mieux vaut tard que jamais… En neuf lettres… Il songea à Clara… A-M-O-U-R-E-U-S-E !

16 avril

— J'ai beaucoup d'ennemis !

Philoctète avait recommencé à parler. Clara, qui avait laissé son esprit divaguer pendant que son passager somnolait, s'arracha à ses pensées. Elle avait cherché un sens à ce départ irréfléchi, s'était demandé si elle ne devait pas le regretter. C'était toujours la même chose. Elle avait la manie de tout peser, de tout mesurer, de tout calculer. Il fallait qu'elle défît méthodiquement ce qu'elle avait entrepris. Les situations indociles lui déplaisaient. Elle aimait que sa raison fût maîtresse de sa conduite. Le goût de certains individus pour l'inconnu lui semblait une lâcheté.

— Il est trop facile d'invoquer l'amour ! répétait-elle.

Elle pensait à son amie Zelda. Celle-ci ne connaissait pas la perplexité. Elle voulait mener une existence absolument passionnante et refusait de se préserver. Clara l'avait souvent vue plonger au-delà du désespoir. Elle se méfiait trop d'elle-même pour se laisser glisser vers de telles extrémités. Elle se croyait prédestinée aux infortunes et s'attendait toujours au pire.

Rien ne lui permettait pour l'instant de ranger Philoctète dans la catégorie des individus à fuir, mais elle attendait. Elle ne savait toujours pas si elle pouvait être amoureuse. Ses lignes de défense avaient sauté trop vite pour qu'elle ne fût pas anxieuse.

Son inquiétude s'exprimait physiquement. Elle avait du mal à respirer. Son ventre était noué, sa poitrine serrée. Ses mains tremblaient sur le volant. Son sang semblait s'être épaissi dans ses membres. Encore une fois, elle avait trop délibéré.

Philoctète regarda un panneau de signalisation sur le bord de la route. Rennes était à cent soixante kilomètres.

Clara se tourna vers lui.

— Beaucoup d'ennemis ?

— Oui, beaucoup, des hommes, des femmes, des jeunes, des vieux… Il m'en vient de partout… Chaque semaine, j'en découvre de nouveaux que je ne soupçonnais pas.

La jeune femme faillit l'interrompre. Elle se retint.

Clara commençait à comprendre comment il fonctionnait. Il fallait le laisser partir dans ses développements pour savoir jusqu'où il était capable d'aller.

— … pendant toute ma scolarité, j'ai été persécuté. Renvoyé de la maternelle pour avoir cassé la gueule à un grand, renvoyé de l'école primaire pour avoir causé une dépression nerveuse à une institutrice, renvoyé du lycée pour avoir mis ma classe en grève… Les profs me haïssaient ! Je te jure ! Dès qu'ils me voyaient, leurs petits visages besogneux se tordaient de rage.

— Pauvre Philoctète !... Ils ne comprenaient rien à ton génie.

— Tu aimerais que je te raconte ça, pour pouvoir définitivement me ranger dans la catégorie des cinglés... Eh bien non ! Tu ne sauras toujours pas dans quel compartiment me classer. Le problème est là... Nous vivons dans un monde qui a un besoin maladif de calibrer les individus et de leur attribuer une place... Les profs, les publicitaires, les économistes détestent ceux qui échappent à leurs statistiques. Tout est entrepris pour les faire renoncer à la sédition... Sois banquier, informaticien ou pompier, mais tiens-toi à ton rôle ! Pars en vacances comme tout le monde, consomme des loisirs comme tout le monde, refais ta cuisine et ta salle de bains en même temps que tout le monde ! Et n'échappe pas aux normes saisonnières !

— Heureusement que tu t'entraînes depuis l'âge de trois ans.

— Presque ! J'avais cinq ans lorsque je me suis retrouvé devant un psychologue pour la première fois. Un grand bureau gris avec plein de bouquins assommants sur les étagères. Dehors, il pleuvait. Je m'en souviens comme si c'était hier. La pluie tintait sur les carreaux. Tu penses ! Je n'avais qu'une envie, c'était d'aller gambader sous la pluie, sauter dans les flaques d'eau, ramasser les escargots. Et l'autre qui me posait des questions sérieuses. J'ai tout de suite senti ce qu'elle voulait obtenir de moi. Je n'avais que cinq ans, mais j'étais déjà un petit animal que son instinct ne trompait pas. J'ai flairé à qui j'avais affaire. Cette grosse bonne femme à lunettes, voilà mon premier ennemi ! Je les ai toujours choisis plus puissants que moi. Normal ! Je laisse le mépris des petits aux imbéciles. Platon doit dire ça quelque part. Je ne sais plus où exactement… J'aurais dû emporter ma Pléiade…

Philoctète s'arrêta quelques instants. Il inspira bruyamment. Puis regarda dehors, presque nostalgique.

— Après cette psychologue, j'ai eu plein d'autres ennemis. Des profs au lycée, des adjudants à l'armée, des producteurs dans la chanson… Ils ne supportent pas que tu ne marches pas dans leurs combines… Sois leur complice, et tout ira bien… Tu auras ta place dans une bande, un gang, une tribu. Toi aussi tu auras ta part de pudding. Refuse une seule fois leur saloperie, tout est fini !

— En psychiatrie classique, ce que tu me racontes porte un nom, Philoctète. Ça s'appelle de la mégalomanie paranoïaque.

— Ah ! Voici venu le temps des blouses blanches !

— C'est l'heure ! Il est temps de cesser d'accuser le monde entier et de t'intéresser à ce qui se passe dans ta petite tête.

— Mais je ne fais que ça ! Ce n'est quand même pas en m'allongeant sur un divan que j'en obtiendrais plus.

Le visage de Clara s'assombrit. Philoctète lui jeta un coup d'œil nerveux. Ils avaient déjà eu cette conversation.

“A ce stade de la passion, songea-t-il, on aime se répéter, se redire les mêmes choses, se rejouer les mêmes scènes.”

Philoctète posa sa main sur l'épaule de Clara.

— Ne te fâche pas… Tu es la seule personne au monde que j'autorise à prendre Freud pour quelqu'un de sérieux. Tu bénéficies d'un indult particulier… Profites-en, il est suspensif…

Clara sourit. Philoctète se pencha vers elle, frotta son nez contre son épaule. Il n'avait plus l'âge de se fâcher pour des idées.

Ils passèrent Le Mans. Le paysage devint plus vallonné. Les verts forçaient, les blonds brunissaient. Les couleurs se firent dures, sombres, éternelles. Bientôt, Clara et Philoctète atteindraient les marches bretonnes, en contrefort du Massif armoricain.

Au niveau de Laval, Philoctète faillit demander à Clara de quitter l'autoroute et de prendre la départementale en direction de Fougères. Une départementale ! A l'époque de la revue *Incertitude*, ces routes étaient les veines de leurs mythologies intimes. André Saint-Roy, le seul de l'équipe avec lequel Philoctète était resté lié après la fin de la revue, avait composé un tombeau pour les célébrer. Ils avaient la nostalgie de la France des années cinquante qu'aucun d'eux n'avait connue.

Ils s'étaient constitué une panoplie dans laquelle les départementales prenaient place entre la Citroën DS et les chansons de Charles Trenet. Chères vieilles mythologies françaises ! Ce que Barthes avait stigmatisé, ils l'avaient exalté.

Donzenac, avec l'habileté qui était la sienne, avait invité des experts à recycler leurs trouvailles. Ces créatifs avaient imaginé une collection de guides baptisée *Départementales* mêlant géographie, gastronomie, chanson, cinéma et littérature. Ce détournement avait précipité la rupture de Saint-Roy avec Donzenac.

C'était quelques mois avant que Philoctète n'expliquât à son tour au producteur qu'il l'avait assez connu. Saint-Roy avait abandonné son poste d'assistant en lettres classiques à Nanterre pour devenir instituteur à Barbezieux.

— Par amour de Chardonne et de la République ! avait-il expliqué à ceux qui ne comprenaient pas son geste.

Philoctète aimait bien Saint-Roy. A sa propre constitution de Grec ancien, Saint-Roy opposait la noblesse désespérée d'un Romain du Bas-Empire. Les attachements qu'il cultivait faisaient de lui un instituteur singulier. Il aimait les blouses grises, les tableaux d'honneur, le Malet et Isaac. Ses héros préférés dans la fiction s'appelaient Fabrice del Dongo, Jacques Vingtras, Palamède de Guermantes ; dans la vie réelle, Hoche, Kléber, Masséna. Pendant son sommeil, il lui arrivait de fredonner une drôle de chanson.

— Pondichéry, Chandernagor, Karikal, Yanaon et Mahé…

Aux murs de sa classe, il avait affiché des tableaux didactiques, une vieille carte de l'empire colonial français, la *Déclaration des droits de l'homme*. Ses élèves savaient par cœur *La Marseillaise*.

Un jour, ces coquetteries lui avaient valu le blâme d'un inspecteur d'académie, pauvre pion persuadé que les écoles devaient fonctionner comme des petites entreprises.

Saint-Roy avait fêté cette sanction avec du champagne, les larmes aux yeux. Il veillait debout l'agonie d'une civilisation condamnée. Philoctète songeait aux Romains groupés autour du consul Symmaque après la reconnaissance du christianisme comme religion d'Etat. Saint-Roy ressemblait à ces réprouvés qui formaient un dernier carré, n'espéraient plus rien, déclamaient des vers de Virgile en attendant la fin du monde.

— *Surgamus ! Solet esse gravis cantantibus umbra !*

Quelle majesté lorsqu'ils tentèrent de faire rétablir l'autel de la Victoire au Sénat. Ils savaient leur défaite : plus jamais de sacrifices aux dieux, de taureaux immolés à Cybèle, de pompe pour célébrer les mystères sacrés. Qu'importait le triomphe des Galiléens : il fallait qu'on se souvînt qu'ils étaient morts en Romains, fidèles à leurs pères.

Leur sang coulait dans les veines de Saint-Roy, cet ami, ce frère d'armes à qui Philoctète reprochait quelquefois d'accorder trop de prise au monde extérieur. Les oripeaux païens dont se couvrait le règne de la marchandise l'abusaient facilement. Les carnavals, les défilés colorés, les bacchanales qui s'étaient multipliés à la fin du XXe siècle étaient des leurres. Saint-Roy s'était persuadé que l'humanité avait renoué avec les plaisirs de l'Antiquité.

— Sous le glorieux principat de Septime Sévère, lui avait souvent objecté Philoctète, les carnavals n'étaient pas financés par des multinationales, les chars n'étaient pas couverts de slogans publicitaires, les orgies n'étaient pas convoquées par le Net. Aujourd'hui, même l'orgasme a été colonisé par la marchandise.

Saint-Roy ne répondait rien. Philoctète lui paraissait trop chaste pour être honnête. Il lui connaissait des conquêtes avantageuses, mais trop rares, trop contraintes, trop furtives.

Philoctète semblait les avoir subies presque sans plaisir.

Pour Saint-Roy, cela révélait quelque chose de suspect. Il avait eu l'occasion de le dire à son ami, quelquefois méchamment.

Philoctète se souvenait en particulier de ce jour où ils avaient eu envie d'un plateau d'huîtres et d'une bouteille de muscadet à cinq heures du matin. Rue Montorgueil, ils avaient trouvé un écailler. C'était une chance. Les restaurants ouverts à cette heure étaient de plus en plus rares à Paris. L'époque glorieuse du *Rocher de Cancale* était reléguée aux illusions perdues.

Ce n'était pas un mauvais restaurant, mais comme partout ailleurs, on y servait une nourriture sans saveur. La salle était endormie, les serveurs épuisés. Saint-Roy avait commandé des huîtres d'Isigny. On était au mois de mai, le meilleur pour déguster le muscadet de l'année, frais, perlant, fruité.

Ils s'étaient raconté ce que se racontent les garçons dans ces moments-là, sans fard ni détour. Ils en étaient au café lorsqu'une femme installée trois tables plus loin leur avait proposé de finir avec elle une bouteille de champagne.

Elle avait la voix cassée et les yeux rougis de ceux que la nuit n'épargne pas. Philoctète lui avait trouvé des ressemblances avec une vieille pomme. Saint-Roy ne s'était pas rendu compte qu'elle était affreusement laide, il avait cru rencontrer Cléopâtre. Il s'était installé à sa table en demandant à Philoctète de le rejoindre.

Son ami était venu. Mais au lieu de jouer le rôle que Saint-Roy attendait de lui, il était parti dans d'interminables digressions philosophiques sur Achille et sa tortue, Diogène et son tonneau, la caverne et ses ombres. La fille, visiblement déçue, avait quand même rigolé. Il ne lui restait plus que ça à faire.

Dehors, Saint-Roy s'était furieusement emporté.

— Puceau ! Puritain ! Parpaillot !…

Philoctète se souvenait parfaitement de cette colère. Pour calmer leurs passions, ils s'étaient affrontés au flipper dans un petit café qui ouvrait tôt le matin. Il en restait quelques-uns autour des Halles. Les bouchers y causaient le vieil argot en dévorant des sandwichs à pleines dents. Après avoir épuisé toute leur monnaie, Philoctète et Saint-Roy étaient rentrés à pied.

Ils avaient traversé la Cour carrée du Louvre, parfaitement déserte à cette heure de la journée. Philoctète avait invoqué le génie du lieu avant de se précipiter dans une fontaine en hurlant.

— Fuir ! là-bas fuir !...

Saint-Roy n'avait pas osé le rejoindre, lui si prompt à célébrer la liberté des corps. Philoctète savourait ses contradictions. Enfin un être qui n'était pas transparent et flottant comme une méduse. Il avait une drôle de manière d'affronter son époque.

Lorsqu'il s'était brouillé avec Donzenac, il n'avait pas hésité à saborder un projet éditorial sur lequel il travaillait depuis deux ans. L'affaire était pourtant partie pour lui rapporter énormément d'argent : une collection de polars populaires intitulée “Brigades des sports”. Saint-Roy avait écrit les cinq premiers titres et fait sous-traiter les cinq autres. Dix volumes avaient paru la première année. Les gens de la télé s'étaient montrés intéressés. Ces petits romans de gare qui mettaient en scène un duo de flics spécialisés dans les affaires de racket, de dopage et de matchs truqués, amusaient Saint-Roy. Il n'était pas question pour lui d'en faire une poule aux œufs d'or au profit de Donzenac.

Le jour où Philoctète avait appris que Saint-Roy arrêtait la collection, il avait compris qu'ils appartenaient à la même famille. Dix ans de fréquentation des milieux éditoriaux parisiens lui avaient fait rencontrer suffisamment de faisans pour posséder un jugement sûr en la matière. Deux individus, seulement, étaient habités par la même ardeur que lui : Neubourg, le catholique mélancolique, et Saint-Roy, le Romain atrabilaire.

Tragique signe des temps, ces trois hommes avaient renoncé à faire une œuvre. Sous d'autres cieux, ils auraient formé une bande, un clan, une volée. Ils auraient publié ensemble de grands livres. La violence de l'époque exigeait que leur fraternité fût invisible. Ils traçaient isolément les sillons de leur rupture.

Philoctète, souriant, songeait à Saint-Roy, lorsqu'un panneau sur le bord de la route indiqua qu'ils entraient en Ille-et-Vilaine.

— Trente-cinq ! s'exclama-t-il en se tournant vers Clara. Département célinien !… Bzimm !… Bzzanng !… Brroum !…

La jeune femme haussa les épaules. Elle n'aimait pas Céline. Le premier soir où elle avait vu Philoctète, ils en avaient longtemps parlé. Elle lui avait expliqué sa honte à ne pouvoir lire plus de trente pages de *Voyage au bout de la nuit*.

— Mais pourquoi honte ? avait répondu Philoctète. Tu te laisses facilement impressionner par les profs… Laisse-toi guider par ton plaisir… Lorsqu'un livre te déplaît, jette-le et prends-en un autre.

— Ce que tu me racontes ne va pas ôter un gramme à ma honte.

— Mais ce n'est pas une affaire de honte !

— Tu dis ça parce que tu veux me séduire.

— Oui, je veux te séduire !…

— Mais tu ne m'empêcheras pas de pleurer sur ma nullité lorsque je serai rentrée chez moi.

Longtemps, Philoctète avait gardé ces mots dans l'oreille. Après la séduction physique, brute, immédiate, cette confession l'avait touché. En l'entendant, il avait su qu'il aimerait Clara et ses larmes. Peut-être même s'était-il vu sur la route avec elle, fuyant sa vie, fuyant son passé, fuyant le monde.

Donzenac, Saint-Roy, la fin d'*Incertitude*, l'éclatement du groupe qu'ils avaient formé au temps de sa jeunesse, les souvenirs enveloppaient son cœur comme des bandelettes.

Il revoyait le beau visage heureux de Clara lorsqu'ils s'étaient retrouvés l'un dans l'autre pour la première fois, son sourire de petite fille, son plaisir orgueilleux. A trente kilomètres de Rennes, les images se mêlaient dans sa mémoire apaisée, régalaient son âme, nourrissaient en lui une joie rayonnante.

La route était lisse ; la lumière sur la Bretagne blanche et douce. Clara et Philoctète avaient roulé trois cents kilomètres. Il y avait peu de voitures autour d'eux. Ils étaient presque seuls.

Depuis vingt-quatre heures, Philoctète avait le sentiment que le temps s'était densifié. Les sentiments, les émotions, les sensations s'enchaînaient en se détaillant très nettement.

Le bonheur de Clara s'était inscrit sur son front, au coin de ses yeux, sur son menton. Philoctète revenait sans cesse à ses lèvres, à ses genoux, à la veine bleue qui sillonnait son cou.

La vie allait devenir simple. Ils s'arrêteraient à Rennes ; ils se promèneraient dans les rues de la vieille ville ; à midi, ils trouveraient un restaurant pour déjeuner ; sur la carte, Philoctète choisirait un vin de Loire qui plairait à Clara.

Ensuite, ils iraient au musée des beaux-arts ou bien ils feraient l'amour. Peut-être les deux, ils étaient libres. La voiture de Clara était encombrée de prospectus publicitaires. Rennes était à quinze kilomètres. Dans la boîte à gants, Philoctète trouva une carte Michelin des routes de France. Ils ne se perdraient pas.

Des panneaux verts annoncèrent "Rennes centre". Le soleil était un tout petit peu éblouissant, la vie devenue simple.

5 avril

Il fallait qu'un événement important se préparât dans la vie de Clara. A son réveil, un irrésistible besoin de rangement l'avait saisie. Elle allait, venait, très affairée. Non que le désordre eût jamais menacé son appartement. L'inventaire auquel se prêtait la jeune femme ressemblait surtout à un rite rassurant.

Deux ans auparavant, elle avait entièrement repeint son petit deux pièces installé au cinquième étage d'un vieil immeuble de la rue des Martyrs. Elle venait d'emménager. Elle avait choisi un bleu qu'elle trouvait apaisant pour les murs. Pour les rideaux et pour la couette sur son lit, elle avait acheté un tissu turquoise à larges motifs sur un marché du XVIIIe arrondissement.

Dans sa chambre, elle avait disposé son lit, un vieux tabouret en bois blanc qui faisait office de table de nuit et un radio-réveil qui clignotait par terre, entouré de boîtes de médicaments.

Dans la pièce voisine, un peu plus grande, Clara avait installé une petite table et une télévision. Au mur, elle avait fixé des étagères sur lesquelles elle avait rangé une chaîne hi-fi, des disques, quelques livres, des collections de journaux, des photographies et des documents dont elle ne savait pas quoi faire.

Les archives de sa vie tenaient là.

Ses fenêtres donnaient sur les contreforts de la butte Montmartre. C'était la partie du XVIIIe arrondissement que Clara aimait le plus, vivante, grondante, blanche et pouilleuse à la fois.

Elle avait quitté sa mère sept ans auparavant. Entre-temps, elle avait pu faire le tour de la capitale. Plaisance, Gambetta, Ternes, Bastille, Clignancourt, elle avait changé de quartier au gré de ses attachements et de ses ruptures. Partout, elle avait eu des amis, des amants. Sa vie avait ressemblé à un long voyage orienté par ses expériences amoureuses. Sa géographie parisienne se confondait avec sa géographie sentimentale.

A seize ans, Clara rêvait de parcourir le monde, de traverser des continents, de franchir des montagnes, de rencontrer des peuples aux dialectes exotiques. Ces souhaits ne s'étaient jamais réalisés. Elle avait seulement visité Paris, pressentant qu'elle appartenait à la dernière génération dont les errances adolescentes eurent quelque chose des rondes de nuit de Villon et de ses compagnons dans les tavernes de la montagne Sainte-Geneviève.

Depuis son installation rue des Martyrs, Clara s'était astreinte à mener une existence solitaire. Deux longues années au cours desquelles elle s'était méthodiquement préservée de toute romance. Elle se trouvait trop fragile pour remettre l'arrangement de sa vie en cause. Elle n'avait pas envie de changer de paysage. Les hommes n'avaient pas étaient difficiles à faire fuir.

Le seul qui eût réussi à passer entre les mailles du filet en deux ans n'était pas près d'oublier sa soirée. C'était l'ami d'une amie passé rue des Martyrs sous un prétexte futile. Il s'appelait David et avait de mauvaises manières. Clara l'avait laissé faire, curieuse de voir ce qui allait se passer. David était resté pour dîner. A minuit et demi, il avait expliqué qu'il était trop tard pour rentrer.

La force avait manqué à Clara pour le mettre dehors. Elle avait pourtant senti qu'il avait l'intention de coucher avec elle – ou plutôt de la *tirer* pour employer un terme qu'il reprendrait le lendemain à l'heure de l'apéro. Ce garçon entreprenant lui déplaisait. Il s'était montré trop sûr de lui. Pour aggraver son cas, un vilain bouton rouge lui avait poussé au-dessus de la lèvre.

L'ambiance était pesante. Les vêtements de Clara lui collaient à la peau. Elle avait eu envie de prendre une douche. Elle avait senti que l'autre en profiterait pour s'installer dans son lit.

Elle s'était dit qu'importe après tout, on laissera la lumière éteinte, ça fait tellement longtemps, je verrais si c'est toujours pareil.

Elle avait pris sa douche.

Dans son lit, l'autre lui avait caressé le dos. Il avait doucement posé ses mains sur ses fesses, doucement il était remonté sur ses seins. Clara s'était abandonnée. Il s'était installé sur elle.

Alors elle avait crié, s'était débattue, avait allumé la lumière.

David se tenait à genoux sur le lit. Il avait saisi Clara par les cheveux pour qu'elle le prenne dans sa bouche.

Elle s'était esquivée.

— Lâche-moi !

A l'autre bout du lit, elle s'était roulée dans sa couette.

— Dégage !

David avait l'air ahuri. Il avait remis son caleçon gentiment, gentiment il s'était rhabillé, puis avait disparu.

— Connard ! avait hurlé Clara.

Elle s'était endormie, pas mécontente d'elle.

Le lendemain, elle avait raconté cette aventure à Zelda. Qu'est-ce qu'elles avaient ri ! Les deux femmes se comprenaient. Zelda enviait la dureté minérale de Clara, son intransigeance, sa méchanceté, son idéalisme, aussi. Clara aimait la franchise de Zelda, sa légèreté, son insouciance, sa bonne humeur. Elle avait adopté une règle de vie dangereuse, mais elle lui plaisait.

En finissant de ranger, Clara pensa à Zelda. Les deux femmes avaient rendez-vous à déjeuner. Depuis quelques jours, elles parlaient de Philoctète au téléphone pendant des heures. En matière amoureuse, les conseils de Zelda étaient généralement catastrophiques. Mais Clara ne pouvait pas s'en passer. Lorsqu'elle les suivait, elle savait au moins d'où venait l'erreur.

Clara, qui avait remis en ordre son appartement, inspecta ses étagères. Il valait mieux que Philoctète ne vînt jamais rue des Martyrs. Il s'amuserait en découvrant la bibliothèque. Les bandes dessinées le feraient sourire. A moins qu'il ne feignît de ne rien voir. Son indulgence intriguait Clara. Pourquoi s'efforçait-il d'ignorer à quel point elle ressemblait à son époque ?

— Je ne suis pas une fille pour toi, lui avait-elle maintes fois expliqué. Le soir, lorsque je rentre chez moi, mon plus grand plaisir est de m'affaler sur un fauteuil et de regarder la télévision, télécommande à la main, en mangeant une pizza surgelée.

Et Philoctète, pendant ce temps-là, continuait à lancer ses développements comme des vaisseaux de guerre. Il citait Xénophon, Hérodote, évoquait la vie illustre d'Alexandre, commentait la traduction de Platon par Racine.

— ... où veut-il en venir ? Il a l'intelligence jubilatoire. Tu sais bien que je n'ai jamais été attirée que par des hommes dont je me sentais inférieure. C'est toujours un père que je recherche. Je déteste ça et suis bien décidée à en guérir. Mais Philoctète a l'art d'endormir mes soupçons. Je baigne dans le chloroforme...

Clara se souvenait de ce qu'elle avait raconté à Zelda. La veille, les deux femmes avaient parlé presque cinq heures au téléphone.

En sortant de chez elle, Clara vit que le temps était doux. Ciel de printemps, couleur sereine : le monde entier s'était arrangé pour qu'elle restât de bonne humeur.

Elle descendit la rue des Martyrs, l'esprit encombré de pensées partagées. Elle portait une veste en cuir, une chemise à carreaux, un pantalon à larges poches, des grosses chaussures en cuir. Une gibecière en toile noire pendait à son épaule.

— Mobilité urbaine ! s'était exclamé Philoctète le jour où ils s'étaient vus. Ton pantalon, ta gibecière et tes chaussures conçus pour toutes les épreuves de la ville sont le signe de ta liberté ! Pourquoi ne circules-tu pas en rollers, histoire de prouver que tu es émancipée, souveraine, maîtresse de toi-même comme de l'univers ? En rollers, à skis, sur une planche à voile, on glisse.

Wiiiizzz… On n'a ni patrie, ni parti. Wiiiizzz… On échappe à tous les intégrismes, à tous les fanatismes. Wiiiizzz… Libre comme un électron dans le big-bang mercantile. Wiiiizzz…

Clara, qui repensait à Philoctète, souriait, seule, sur le quai du métro Notre-Dame-de-Lorette. De l'autre côté de la voie, un saxophoniste jouait *Strangers in the night.*

Le métro arriva. Clara soupira. Elle devenait fleur bleue.

A la station Concorde, elle descendit. Elle parcourut les couloirs pour aboutir sur la ligne une en direction de Château de Vincennes. Le métro était toujours aussi sale. A Châtelet, elle changea encore une fois. Puis elle descendit place Monge.

Les touristes avaient fui, préférant les musées nationaux, les quartiers aux ors avantageux, les avenues aux noms prestigieux. Clara s'en félicitait. Elle profitait plus librement du spectacle des brasseries qui s'emplissaient, des garçons qui s'agitaient.

Elle atteignit le restaurant où elle avait rendez-vous.

Zelda avait les cheveux bruns, coupés court. Clara aimait son beau visage oriental, sa petite taille qui lui donnait l'air d'un enfant, ses yeux noisette que l'émotion embuait si facilement.

— Zelda, c'est la fraîcheur, répétait-elle.

Le chagrin avait pourtant failli ternir son éclat. Depuis presque un an, elle élevait seule ses deux enfants. Leur père, son amant, l'avait quittée sans un mot d'explication lorsqu'elle attendait le second. A vingt-six ans, elle s'était retrouvée avec deux enfants à charge, sans projet, sans argent, sans diplôme. Elle avait trouvé l'énergie de ne pas s'en soucier. Après quelques semaines de désespoir, elle avait fait le deuil de sa vie de famille, changé de travail, réorganisé son emploi du temps.

— Nos malheurs nous ressemblent, avait-elle lâché un soir, avec un détachement qui avait subjugué Clara.

Zelda, apparemment si fragile, avait réussi à apprivoiser ses infortunes, à s'habituer à leur présence, à vivre avec elles.

— Que devient ton Grec ancien ?

Clara s'était assise. Les deux femmes n'avaient échangé aucune politesse d'usage. Zelda, qui détestait les manières, n'encombrait jamais la conversation. Elle enchaînait les questions avec la netteté d'une mitrailleuse. Clara devait répondre sans hésitation.

— Oui. Non. Oui. Oui. Non. Non. Oui.

C'était mieux qu'un interrogatoire : un détecteur de mensonges. A la moindre hésitation, Zelda reposait sa question.

— Alors ?

Clara se servit un verre d'eau et alluma une cigarette.

— C'est moi qui commence à être accro. Lui, je n'en suis pas certaine. J'aurais même tendance à penser le contraire. Il joue, il s'amuse, il me laisse me débattre.

— Tu ne vas pas recommencer, Clara, c'est chaque fois la même chose. Pourquoi carbonises-tu systématiquement tes sentiments ?

— Tu le sais très bien. Je ne suis pas prête.

— On n'est jamais prêt ! Qui est-ce qui te met des histoires pareilles dans la tête ?

— Je ne sais pas.

— Ça peut encore durer dix ans !

— J'attendrai.

— Les années qui passent ne reviendront pas toujours.

Zelda faisait mal. Elle avait toujours parlé de cette façon à Clara.

A l'époque où elles se retrouvaient dans les amphithéâtres de la fac de Jussieu, elle lui reprochait déjà sa retenue.

Huit ans avaient passé. Elles avaient changé de filière, manqué des examens, redoublé des certificats. Il avait fallu s'arranger avec la médiocrité de leurs résultats. Clara, toujours plus concernée, en rougissait. Zelda, insouciante, les avait oubliés.

Leurs parents, longtemps arrangeants, avaient cessé d'être patients. Ils ne pouvaient plus l'être. La mère de Clara était veuve. Les parents de Zelda étaient professeurs dans un collège de banlieue et payaient les études de trois autres enfants.

Depuis plusieurs années, les deux jeunes femmes avaient dû trouver elles-mêmes les moyens de survivre. Leur carnet d'adresses manquait d'étoffe. Les petites annonces épluchées avec soin avaient presque toujours débouché sur des emplois de vendeuses. Zelda avait trouvé une place de caissière dans un supermarché du XVe arrondissement. Clara avait travaillé dans un magasin de chaussures de Saint-Germain-des-Prés.

On était à la fin du XXe siècle. Ces deux filles, qui n'avaient pas trente ans, vivaient à Paris, libres, désirables, pleines d'esprit. Elles prenaient la pilule, faisaient l'amour avec qui elles voulaient. Le monde dans lequel elles vivaient ne leur déplaisait pas.

Jamais elles n'avaient eu la tentation de le changer. Simplement, elles n'y avaient pas trouvé leur place. Elles naviguaient, bricolaient, survivaient avec des moyens de fortune.

Le serveur vint prendre la commande. Potage phō, carafe d'eau : le menu rituel de leur déjeuner hebdomadaire.

Les deux femmes n'osèrent pas reprendre la conversation. Zelda ne voulait pas pousser Clara dans ses retranchements.

Elle regarda autour d'elle. Pendant ce temps-là, Clara observait son visage. "Il est très pâle", songea-t-elle. Elle n'avait pas cessé de repenser à Philoctète, à sa voix, à ses attitudes, à sa conversation. Ce matin, il ne lui avait pas téléphoné. Il le faisait pourtant tous les jours. Clara était contrariée, et furieuse de l'être.

Zelda leva les yeux vers elle.

— Amoureuse ?

Clara sursauta.

La franchise de Zelda empêchait de lui reprocher son indiscrétion.

— L'ai-je jamais été ?

Les gestes de Clara trahissaient son agacement. Sa mauvaise foi se lisait dans ses yeux. Zelda sourit. Elle connaissait trop la biographie sentimentale de Clara pour être surprise.

— Bien sûr que tu l'as été. C'est bien pour ça que t'as la trouille. Si tu n'avais jamais été déçue, de quoi aurais-tu peur ?

La porte du restaurant s'ouvrit. Clara fit semblant de s'intéresser aux quatre étudiants d'une vingtaine d'années qui entrèrent. Lorsqu'ils s'installèrent, Clara repéra immédiatement les couples. Son attention fut retenue par la plus jolie des deux filles, une blonde pulpeuse, coiffée avec une queue de cheval.

“Tout ça pue le fric et la banlieue ouest”, rumina Clara. Sa capacité de mépris grandissait avec son énervement. La blonde sortait avec un type aux cheveux courts, vêtu d’un pantalon beige en velours côtelé, d’une chemise blanche, d’un pull bleu marine. De méchantes pensées vinrent à Clara. Pour rien au monde elle ne se serait laissé toucher par ce type.

Les grands affrontements sociaux d’autrefois avaient cessé, dévorés par les images, la publicité, mais Clara tenait de son père. Elle savait reconnaître ses ennemis, les détester.

Philoctète, qui avait remarqué cette disposition, l’en avait félicitée. Il lui avait parlé de Dante : le Toscan aimait parce qu’il savait haïr.

Les quatre étudiants parlaient très bas. Clara fut contrariée. Elle aurait voulu entendre ce qu’ils racontaient. On sentait qu’ils avaient de l’argent, une vie facile, une voiture, des week-ends en Normandie, des familles prodigues derrière eux.

Il eût été normal de les envier. Clara sentit cette disposition rôder en elle. Tout de suite, elle la révoqua. Elle ne voulait pas être jalouse. Depuis son adolescence, elle était mue par une volonté prométhéenne. Elle cultivait le désir de se construire seule, de bâtir elle-même quelque chose de solide et de beau.

Elle regarda encore la blonde à queue de cheval. Cette fille exerçait sur elle une sensation étrange. Ses seins pointaient sous son pull. Elle aurait aimé les caresser. Clara aurait été curieuse de voir cette fille à papa réagir. Un certain éclat dans ses yeux lui laissa facilement imaginer un corps se roulant de bonheur.

Le type aux cheveux courts tenait la main de la fille. Clara se les représenta en train de faire l’amour.

C'était dans le studio de la fille, meublé avec un lit japonais, une étagère suédoise et un fauteuil en osier. L'excitation de la fille rendait le garçon maladroit. Penché sur elle, il appuyait sur ses seins. Il avait de la chance. Elle avait l'esprit ailleurs.

— Je vais jouir comme une vache ! criait-elle.

Puis elle avait un orgasme qui le surprenait.

"Est-ce que Philoctète fait aussi bien l'amour qu'il parle ?" se demanda Clara. C'était une des premières questions qu'elle s'était posée lorsqu'elle l'avait vu. L'unique fois où elle l'avait vu ! En dix jours, il avait pris une telle place dans sa vie qu'elle avait l'impression de le connaître depuis une éternité.

Que s'était-il passé ? Ils avaient causé de longues heures au téléphone. Mais ils ne s'étaient rencontrés qu'une seule fois. Lorsqu'elle essayait de revoir le visage de Philoctète, Clara se sentait comme abusée par un fantôme. Elle n'arrivait plus à se faire une image précise du soir où ils avaient parlé. C'était devenu irréel. Elle se demandait comment le contact – au sens électrique du mot – avait pu si facilement s'établir entre eux.

Un accablement muet l'étreignait. Elle n'aimait pas cette présence en elle, ces jours plus lourds, ces nuits plus longues. Le désir plantait en elle de vilaines pointes. Il eût fallu réagir, elle s'abandonnait avec délices. Sa vie s'était soustraite au plan qu'elle avait établi. Il allait falloir tout réinventer.

Clara alluma encore une cigarette. Un jeune homme aux traits doux vint desservir leur table. Avait-elle terminé ? Oui. Une méchante grimace pétrifia son joli visage. Elle éteignit sa cigarette, porta ses mains à sa bouche. Ses doigts étaient longs. Jamais elle ne se rongeait les ongles. Il fallait qu'elle allât très mal.

Il était plus de deux heures. De la musique orientale sortait des enceintes cachées derrière des éléphants en porcelaine. Dehors, il faisait froid. Zelda n'osait toujours pas parler. Le serveur apporta deux cafés. Le regard de Clara s'arrêta aux cristaux de sucre tombés sur la nappe, à côté de la tasse de Zelda.

— Je suis méchante, dit-elle.

Son amie redressa la tête. Elle sourit doucement.

— Pas méchante, énervée. On a toujours raison d'être énervée.

Des filles comme ça n'existaient plus. Toutes, désormais, avaient le goût du malheur, ou le goût de rien du tout, ce qui est la même chose. Elles vivaient en pente douce, glissaient d'échec en échec, oubliaient les promesses de bonheur. Leur désespoir taisait son nom.

Clara affrontait le sien. Elle avait aimé, comme tant d'autres, les hommes mariés, les professeurs, les médecins, inclination désastreuse dont elle avait fini par guérir, mais qui lui avait valu de grandes peines. Le chagrin n'avait pas de secret pour elle ; elle avait eu l'occasion de se familiariser avec sa saveur.

— Celle du sperme ! avait-elle déclaré autrefois.

Ce jour ne comptait plus. Elle avait lâché ces mots dans un de ses pires moments. Elle venait de rompre avec Jean-Jean, le plus inquiétant personnage qu'elle eût jamais fréquenté.

Musicien à ses heures, trafiquant, cocaïnomane, Jean-Jean avait trente ans de plus que Clara.

Avec lui, elle avait appris à vivre la nuit. Aucune porte ne lui était fermée. Jean-Jean savait trop bien profiter de sa gloire dans les hauts lieux parisiens.

Zelda n'avait jamais voulu le rencontrer. Les descriptions de Clara avaient suffi à la remplir d'effroi.

Au commencement, Jean-Jean sous-louait une chambre de son appartement à Clara. Longtemps ils s'étaient ignorés.

La jeune femme avait vite compris que son hôte ne menait pas une existence très sobre. Souvent, il s'enfermait chez lui avec de l'alcool, de la dope, des filles. Clara avait un peu plus de vingt ans. Cette existence risquée l'avait séduite.

Un jour où elle s'était retrouvée seule avec Jean-Jean, elle s'était laissé entraîner dans son lit, par curiosité autant que par défi.

Jean-Jean avait aimé que Clara lui expliquât qu'elle détestait les préservatifs. A l'époque, c'était devenu rare. Le matraquage systématique avait commencé. Jean-Jean s'était dit que cette fille était aussi cinglée que lui. Ça lui avait plu.

Clara avait souvent parlé de la première fois où elle avait fait l'amour avec Jean-Jean. Des heures étranges, ténues, indélébiles. Jusque-là, elle avait considéré le coït comme un jeu. Pour la première fois, elle avait atteint les rives d'un royaume mystérieux, d'un pays de neiges éternelles, de cimes étincelantes, de mers dorées. Son corps avait éprouvé la chaleur, la puissance, la douceur. Le sexe était devenu un art, une chanson, un poème. Faire l'amour : les mots avaient retrouvé leur souffle.

Pendant trois mois, elle n'avait plus pensé qu'à ça. Les excès de Jean-Jean l'excitaient. Ils étaient beaucoup sortis, avaient peu dormi.

Partout, ils avaient rencontré des êtres romanesques. Dans les clubs échangistes, Clara était la plus jeune. Elle promenait un regard amusé sur les femmes fardées, accoutrées, déguisées, qui s'offraient en poussant des ululements sinistres.

Zelda, effrayée par l'existence dangereuse de son amie, l'avait perdue de vue pendant presque un an. Un matin, elle avait débarqué, en larmes, ses affaires hâtivement rassemblées dans un sac. Elle venait de vivre vingt-quatre heures de cauchemar.

La veille, les flics avaient débarqué chez elle à six heures du matin. L'appartement était vide. Depuis quelques semaines, Jean-Jean s'était mis au vert. Clara dormait seule dans sa chambre lorsqu'ils avaient sonné. Mandat d'arrêt, mandat de perquisition, commission rogatoire, elle n'y connaissait rien.

Bêtement, elle avait tiré le verrou.

Elle n'avait pas eu le temps d'entrebâiller la porte qu'ils l'avaient envoyée valser à l'autre bout de la pièce.

Ils étaient entrés, sales, méchants, violents.

— Saloooope ! n'arrêtait pas de hurler un grand maigre coiffé d'un petit bonnet en laine.

Ils cherchaient Jean-Jean. Ils voulaient la drogue.

— Tu vas nous dire tout de suite où il la planque ou bien tu vas passer quelques journées dont tu te souviendras.

Bonnet de laine crachait en parlant. Sa gueule puait. Il avait fait une clef de bras à Clara en ne se gênant pas pour la peloter.

— T'aimes ça petite pute ! T'aimes sucer pour avoir ta dose !

Clara s'était fait cogner. Elle n'avait rien pu raconter aux flics, elle ne savait rien. Jean-Jean était peu bavard sur ses trafics. Elle-même avait toujours cherché à se tenir à l'écart.

— Ma force, avait-elle expliqué à Zelda, c'est d'avoir toujours refusé de toucher à la coke. Quand Jean-Jean ramenait des filles, ils s'en foutaient plein les narines. Moi, je voulais rester lucide jusqu'au bout. C'était pas ses histoires qui me dérangeaient, c'était d'avoir la tête comme une citrouille. Du coup, on me respectait. Et j'ai toujours échappé aux trucs un peu crades.

Les flics prenaient Clara pour une camée. Ils n'avaient pas cru un piètre instant ce qu'elle leur racontait. Après avoir retourné l'appartement, ils l'avaient embarquée. Pendant vingt-quatre heures, elle était restée enfermée. Elle avait salement dégusté.

Durant la garde à vue, Clara avait eu le temps de réfléchir. Souvent, elle repensait à ces heures terribles. Elle n'avait rien compris à l'affaire. Les flics lui avaient annoncé qu'elle allait être transférée en prison. Ça n'avait pas été le moment le plus agréable de sa vie. Pourtant, elle ne le regrettait pas complètement.

L'attente interminable sur un banc poisseux lui avait permis de faire le point. Elle avait compris que la folie de Jean-Jean sentait la mort. Sa vie, ses affres, ses excès l'avaient amusée. Elle s'était laissé entraîner dans ses orgies. Il l'avait persuadée de tourner des bouts d'essai pour d'improbables films. En fait de cinéma, ces petites séances étaient surtout l'occasion pour ses copains et lui de profiter du corps de jeunes filles, consentantes ou non. Clara ne s'était jamais sentie atteinte par ces extravagances. Ce qui se passait dans ces moments-là la concernait à peine.

Mais avec cette affaire de drogue, les choses changeaient de nature. Dans sa cellule, Clara avait compris qu'il fallait rompre.

Ses larmes avaient noyé ses scrupules. Depuis qu'elle connaissait Jean-Jean, elle avait pu vérifier qu'elle avait des sentiments pour lui. Tout cela ne comptait plus. Elle avait pris une décision irrévocable : elle ne le reverrait jamais.

Lorsque les flics l'avaient relâchée à l'aube, elle était rapidement passée chez elle avant de sonner chez Zelda.

Pendant un mois, elle était restée cloîtrée. Sa résolution avait été sage. Plus tard, des amis lui avaient rapporté que Jean-Jean était entré dans une colère épouvantable lorsqu'il avait découvert sa disparition. La suspicion rivalisait en lui avec la jalousie.

Trois ans après cette affaire, il avait fini par tomber. La veille, Clara en avait eu le pressentiment dans un rêve.

— Cela prouve que nos songes ont beaucoup plus de choses à nous apprendre que le pense le docteur Freud, lui avait expliqué Philoctète lorsqu'elle lui en avait parlé.

Jean-Jean en avait pris pour vingt piges. Il avait cinquante-cinq ans : adieu la vie, adieu l'amour. Violent comme il était, il avait peu de chances de bénéficier d'une remise de peine. Lorsqu'il ressortirait, il aurait soixante-quinze ans, l'âge d'un vieillard.

— Pourquoi tu ne lui écris pas ? avait un jour demandé Zelda.

Clara ne lui avait pas répondu.

Zelda s'était souvent étonnée de la difficulté avec laquelle son amie regardait son passé. Elle avait besoin de refaire régulièrement son carnet d'adresses. Ses relations amoureuses s'étaient toujours déroulées sur un mode tragique.

Zelda se souvenait de Srdjan, un Serbe richissime avec lequel Clara avait vécu quelques mois après Jean-Jean. Il possédait des restaurants autour de l'Etoile. Srdjan s'occupait peu de ses affaires, mais elles lui rapportaient beaucoup d'argent. Zelda n'oublierait jamais les promenades à bord de sa Jaguar dont il laissait les clefs à Clara. Elles riaient comme des gosses en sillonnant les rues de Paris dans une grosse voiture.

Un jour, Srdjan avait parlé à Clara de la maladie de sa femme. Ils ne pouvaient plus se voir, ils ne s'étaient jamais revus. Zelda n'avait pas compris la rapidité de cette rupture.

La dernière liaison sérieuse que Zelda connaissait à Clara remontait à deux ans. Elle avait vécu quelque temps avec un étudiant en sociologie qui préparait l'agrégation. Une cohabitation qui avait tourné à la catastrophe. L'angoisse nouait l'aiguillette du malheureux garçon, disciple de Bourdieu, ce qui n'arrangeait rien à l'affaire. Clara avait tenu six mois. Elle assurait en avoir gardé une haine farouche des intellectuels. Zelda avait ri. Au fil des ans, son amie était attirée par des hommes toujours plus lettrés, cérébraux et compliqués. Elle n'avait pas eu besoin de rencontrer Philoctète pour imaginer qu'il en faisait partie.

L'addition était payée. Clara et Zelda n'avaient rien dit.

Trois heures sonnèrent au clocher de l'église Saint-Médard. Les deux femmes se tenaient face à face sur le trottoir de la rue Mouffetard. Pour la première fois depuis qu'elles se connaissaient, elles n'arrivaient pas à se parler. Zelda se sentit triste.

Le temps avait tourné. Le vent soufflait en rafales autour du Panthéon. Clara et Zelda montèrent jusqu'à la place de la Contrescarpe. C'était un mois d'avril en demi-teinte. Paris hésitait à se réchauffer. Zelda posa son bras sur celui de Clara. Elles étaient belles. A la terrasse des cafés, des garçons les regardaient.

16 avril

Rennes. Au nord, le bois et la pierre ancienne. Des maisons à colombages qui défiaient les promoteurs. Des rues pavées dont les noms racontaient des histoires : rue Pont-aux-Foulons, rue de la Tour-du-Chesne, rue des Portes-Mordelaises. Au sud, la pierre abolie. Des tours en béton qui avaient poussé comme des champignons. Une gare conforme aux normes d'un monde transparent. Quelqu'un qu'on aurait amené les yeux bandés n'aurait eu aucune chance de reconnaître où il était. Surtout si on lui avait rendu la vue dans la gare.

Les gares ne disaient plus rien. Le temps avait passé où elles constituaient des repères infaillibles pour les grands voyageurs. Même les plus laides d'entre elles, comme la marmite marron au couvercle épinard construite par les Allemands à Metz après 1870, finissaient par susciter une vraie sympathie. Cette époque avait pris fin. Il était inutile de prêter attention à l'architecture des gares, de s'épuiser à les décrire : elles se ressemblaient toutes.

Les bâtiments d'autrefois, lourds de poussière et de passé, avaient cédé la place à des terminaux fonctionnels. Les salles des pas perdus avaient disparu. Ce siècle triste ne pouvait ni accepter ni comprendre que quelque chose se perdît, fût-ce des pas. Toute volonté devait tendre à un but. Les escaliers mécaniques qui permettaient de passer d'un niveau à un autre étaient là pour le rappeler. Dans les gares, on mangeait, on achetait des journaux, on consommait des services. On ne déambulait pas.

Après avoir longé les eaux brunes de la Vilaine, Clara et Philoctète s'arrêtèrent place Saint-Anne. La jeune femme gara la voiture à l'ombre de l'église Saint-Aubin. Philoctète examina ses larges murs couverts de vigne. De l'autre côté de la place, au second étage d'une maison aux larges fenêtres, un chat les regardait. Clara consulta sa montre.

La ville se réveillait, fraîche, accueillante.

Ils avaient tout leur temps.

Rue Saint-Michel, Philoctète posa sa main sur l'épaule de Clara. Il aurait aimé arrêter ce moment exquis, silencieux, recueillir ces éclats de bonheur dispersés par deux enfants perdus.

Ils glissaient dans des rues qui les enchantaient. Après l'ivresse de la fuite, ils revivaient à une vitesse normale.

Le monde, autour d'eux, était devenu moelleux. Ils avaient ralenti la procession des heures.

Clara avait soif. Ils s'arrêtèrent à la terrasse d'un café, sous des parasols jaunes. Près d'eux, des oiseaux sautillaient sur les pavés. Philoctète commanda un verre de muscadet, Clara une grenadine. A la table voisine, deux femmes dissertaient gravement.

— J'ai détesté mes trente ans, expliquait la plus jeune, une brune habillée en noir, mais j'ai hâte d'en avoir quarante.

— Tu as raison, lui répondait l'autre. Moi, c'est mes cinquante ans que j'attends avec impatience. C'est le plus bel âge de la vie.

Philoctète se pencha et embrassa Clara.

— … quarante ans, c'est bien. Je me demande si je ne devrais pas faire un deuxième enfant.

— Attention !

— Tu as raison. De toute façon, il faut que je trouve un père.

Les coudes posés sur la table, le visage dans ses mains, Philoctète suivait leur conversation en la transcrivant en alexandrins.

La conscience délivrée d'une crainte ennemie,
Des orages et des pleurs d'une funeste vie,
Le temps viendra, heureux, des sentiments sincères ;
Je fouillerai l'univers, je trouverai un père.

Il se demandait où elles allaient en venir. Clara avait mis ses lunettes de soleil. Maintenant, elle regardait le ciel.

Philoctète, émerveillé, contemplait ses jambes serrées l'une contre l'autre. Il aimait la manière dont elle posait ses pieds par terre, l'angle qu'ils faisaient. Pourquoi chercher ailleurs le détail de sa vie, de ses chagrins, de ses rêves ? C'était elle.

Une troisième femme vint se joindre aux deux premières. Elle salua le garçon et deux autres consommateurs avant de s'asseoir. Tout le monde semblait se connaître dans ce café. Il n'y avait que Clara et Philoctète auxquels nul ne s'intéressait. “Nous sommes deux inconnus sur la route, songea le jeune homme. Personne ne nous remarquera peut-être plus.”

Ils se levèrent. Philoctète laissa des pièces de monnaie sur la table.

— J'aime cette ville, murmura-t-il en regardant autour de lui.

Ils cheminèrent le long d'arcades en granit, près du parlement. Clara s'arrêta dans un magasin qui vendait des cartes postales. Elle ne savait plus à qui écrire désormais. Cette idée la rendit triste.

Philoctète lut son désarroi à quelque trait, soudain plus dur sur son visage. Il s'approcha d'elle.

— Laisse-moi.

Ils continuèrent de descendre vers la Vilaine. Place de la Mairie, le clocher de l'hôtel de ville égrenait les quarts d'heure dans l'azur. Clara oublia sa mauvaise humeur. Elle mordit doucement la joue de Philoctète. Le jeune homme s'arrêta, la laissa avancer devant lui. Elle portait un pantalon gris à fines rayures, un ticheurte noir, des chaussures de sport bleues à bandes jaunes.

“Mobilité urbaine !” songea Philoctète.

Il sourit. Il ne voulait même plus savoir comment cette fille avait pu gagner sa faveur. Il lui suffisait de s'en féliciter. Clara l'ensorcelait. Il contempla sa démarche. Elle avait quelque chose de légèrement décalé qui lui plaisait.

Ils errèrent longtemps. Rue des Portes-Mordelaises, Philoctète franchit le pont-levis avec l'allégresse d'un enfant. Il lui fallait peu de chose pour retrouver l'ardeur de ses rêves d'autrefois. A Rennes, il était si simple de se prendre pour un compagnon de messire Du Guesclin. Les ruelles tortueuses comme le sermon d'un capucin durant une guerre de Religion, la pierre ancienne et l'atmosphère de la ville convoquaient son imagination.

Philoctète se serait volontiers vu en homme d'armes dans la Bretagne du XIVe siècle. De longues chevauchées en chocs brefs, son destrier andalou l'aurait porté jusqu'à la chambre des dames où un troubadour aurait fait le récit de ses exploits.

Philoctète s'était rarement arrêté à Rennes. A chaque fois, l'âme de cette ville l'avait touché.

La seule chose susceptible de le contrarier était la forte concentration d'étudiants. Autour de la place des Lices, sur les bancs publics, à la terrasse des cafés, ils s'étaient installés par grappes. Leurs conversations bruyantes marquaient leur insouciance. Les garçons affectaient des poses sérieuses, les filles avaient des visages d'enfants. Ils étaient un peu plus jeunes que Clara et Philoctète. Ils avaient le temps d'être heureux.

Clara s'était souvent étonnée du mépris que Philoctète cultivait à l'égard des étudiants. Il les détestait. A Paris, il se faisait une obligation d'éviter le Quartier latin pour ne pas en croiser. Les raisons de sa haine demeuraient obscures. Clara, légèrement inquiétée par ce sentiment, lui avait demandé de l'éclairer.

Philoctète avait bredouillé. C'était la place de la jeunesse dans les sociétés de consommation qui excitait sa fureur. Il était parti dans un long développement sur la formation militaire et scolaire des jeunes Grecs, sur la différence entre *adulescentia* et *juventus* dans la Rome antique. Pour lui, la transmission du savoir était un rite initiatique réservé à quelques privilégiés.

Il s'était un peu perdu dans ses explications.

De sa longue tirade, il ressortait que les étudiants, non contents de jouer le rôle de bétail dans le ranch mercantile, étaient tous des fainéants qu'il fallait renvoyer à la mine et aux champs.

Clara avait ri. C'était le seul moyen qu'elle avait de désarmer les raisonnements farfelus de Philoctète. Ce dernier n'était jamais au repos. Il faisait un effort permanent pour détester son temps.

"Tout ce qui est moderne m'est étranger", répétait-il.

Peut-être parce qu'elle n'avait jamais eu affaire à un tel être auparavant, peut-être parce qu'elle avait peur de ne jamais élucider son secret, Clara ne voulait pas le prendre au sérieux. Elle trouvait plutôt drôle qu'un être se fût ainsi construit un monde à lui, et qu'il pût y vivre, indifférent au regard des autres.

Elle-même en aurait été incapable. L'aptitude de Philoctète à s'enivrer pour des idées et pour des rêves l'émerveillait. Comment se soustraire aux humeurs, aux goûts de la foule ?

Clara avait toujours craint le mépris. Aussi devenait-elle facilement méprisante. Instinctivement, elle sécrétait une manière de contrepoison. Philoctète lui avait quelquefois reproché cette attitude. Ce n'était pas son mépris qui l'agaçait, c'était son usage maladroit. Il avait cité Chateaubriand, rappelé le grand nombre de nécessiteux.

— Tu as raison.

Clara était éprise. Elle avait bien le souvenir d'avoir déjà aimé avec autant de force, mais à l'époque, c'était par naïveté. En mesurant les sentiments qu'elle avait pour Philoctète, elle se disait qu'il lui serait impossible de retrouver une telle fierté, une telle intensité, une telle concentration dans sa passion.

Longtemps, elle avait pensé au danger d'être aveuglée. Puis elle s'en était moquée. Elle voulait vivre.

Près de la place du Calvaire, ils s'arrêtèrent dans un petit restaurant. Sur la carte, ils choisirent des assiettes de jambon fumé, du fromage, une bouteille d'anjou.

Ils parlaient doucement. Clara mangeait en écoutant à peine ce que lui racontait Philoctète. A côté d'eux, des hommes en costume sombre semblaient déprimés par l'effondrement des Bourses asiatiques. Ils s'étaient mis aux eaux de régime.

"Mauvaise stratégie", songea Philoctète.

Clara lui posa des questions sur son passé. Au début, le jeune homme répondit calmement. Puis très vite, la conversation devint tendue. Clara voulait comprendre son progressif retrait du monde. Philoctète était énervé. La jeune femme continua, agacée par certaines révélations.

— Qu'est-ce que c'est que ces histoires d'élections ? Tu ne m'en avais jamais parlé ?

— C'est une affaire ancienne dont je ne me souviens même plus. Le temps qui passe est un prédateur très utile. Il dévore les pages de nos vies que nous n'avons pas pu déchirer.

— Mais comment as-tu pu te faire avoir par Donzenac, avec tout ce que tu savais sur lui, tout ce que tu m'as raconté ?

— Avec lui, c'est toujours la même chose. Je te l'ai expliqué cent fois. Si ça recommençait demain, je ne suis pas sûr que je ne me ferais pas encore avoir à la fin d'un déjeuner bien arrosé.

— C'est toi, Philoctète, mon Grec ancien, admirateur de Léonidas, disciple de Socrate, lecteur de Platon, qui es faible à ce point ?

— Je ne m'en suis jamais vanté.

— Comment as-tu pu t'engager auprès d'un tel crocodile ?

— Je ne l'ai jamais vraiment soutenu. Au début, on participait à des réunions qui n'avaient rien à voir avec les élections. Le club Don Quichotte, ça s'appelait… Don Quichotte ! Encore une bonne blague de Donzenac. Je retrouvais là-bas des universitaires, des sportifs, des acteurs. On discutait, on échangeait nos adresses. C'était plutôt amusant. Il n'y avait aucune raison pour que je refuse l'invitation de Donzenac. Surtout que c'était l'occasion de revoir quelques copains qui faisaient toujours partie de son équipe. J'étais curieux de savoir comment ils avaient tourné. La curiosité fut mon plus vilain péché.

— Mais… Comment Donzenac a-t-il réussi à transformer ce club en porte-avions électoral ?

— Tout le mystère du personnage est là. Il faudrait que tu le rencontres pour comprendre. Tu verrais à quel bonimenteur j'ai eu affaire. Il est capable, en un tour de main, de repeindre le monde à la couleur de ses désirs. Il ressemble à ces hommes qui culbutent leurs anciennes maîtresses quand ils veulent, et quelles que soient les vexations qu'ils leur aient faites entre-temps.

— Tu veux dire que vous vous êtes fait baiser ?

— Si tu le dis.

— Mais Philoctète ! Tu passes ton temps à te moquer de la terre entière, et tu voudrais que je sois indulgente avec toi !

— Ne le sois pas.

— Comment as-tu été naïf à ce point ?

— Je n'ai pas été naïf. Je viens de te l'expliquer. Je savais très bien ce qui m'attendait… J'ai voulu jouer et on s'est joué de moi. Quoi qu'il en soit, je n'ai jamais eu une grande importance dans cette affaire. Au total, j'ai dû participer à cinq réunions du club Don Quichotte. Le pire, ce fut cette grande réunion à l'Opéra-Comique entre les deux tours. L'Opéra-Comique ! Encore une idée de Donzenac. On aurait dû y voir un message. C'était du Grand-Guignol. Donzenac haranguait le public avec des accents de tribun romain. On était tous très excités. C'est toujours comme ça, au moment des élections. Tu te laisses embarquer dans un camp sans trop savoir pourquoi. Tu épluches ton carnet d'adresses. Tu rameutes les suffrages de tes vieilles tantes. Ça mériterait un dialogue parodique à la manière d'Aristophane. La politique n'est plus un mystère... C'est de l'arithmétique.

— Et cette affaire d'argent blanchi ?

— Ça, j'en ai entendu parler bien plus tard, presque un an après les élections. J'avais l'impression d'avoir participé à une farce, j'ai compris que j'avais été le figurant d'une tragédie. Je me souviens très bien des idées qui me sont passées dans la tête à ce moment-là. Je me suis dit, mon garçon, tu vas aller t'acheter une bêche et tu vas enterrer les illusions de ton adolescence. Je me revois, sortant d'un restaurant avec Saint-Roy. Il m'avait affranchi au cours du déjeuner. On s'était dit au revoir puis j'avais remonté seul le boulevard Raspail. J'étais à deux doigts de fondre en larmes. Que faire ? Un siècle plus tôt, j'aurais convoqué Donzenac sur un pré, et on aurait réglé ça au pistolet.

— Mais vous n'avez pas pu réagir ?

— Comment réagir ? Donzenac et les siens étaient installés dans un ministère, ils avaient placé leurs copains partout, ils étaient protégés. Tu voulais qu'on aille crier sur tous les toits que ce pays était gangrené ? On aurait ressemblé à ces fous qui se promènent dans le métro avec des pancartes pour dire que le monde entier les persécute et que personne n'écoute. A quoi bon ?

— Quand même !

— La seule révolte qui tiendrait serait d'écrire l'envers de l'histoire contemporaine. A vingt ans, je rêvais d'un grand roman... J'étais persuadé que je trouverais un jour des mots pour mettre le feu à la terre. Je regardais l'argent enfler, tourner, circuler. Je l'observais, toujours plus fluide, plus invisible, plus rapide. J'essayais vainement de rassembler mes mots, toujours trop lents. Demain, l'argent sera parfaitement immatériel. Et mes pauvres mots n'y pourront plus rien.

— Une prophétie ?

— Hélas ! Qu'est-ce qu'une prophétie ? Une parole prononcée, impérieuse, inscrite. La confusion dans laquelle nous vivons rend impossible cette parole. Nous n'avons plus de prophètes. Notre monde s'est débarrassé du *logos*. Les messages abondent, se concurrencent, s'éliminent. Le fond sonore qui accompagne nos vies ne nous dit pas plus de choses qu'un grand silence. Je crois même qu'il en dit moins. Ça dit beaucoup de choses, un vrai grand silence ! Des choses plus sensées que les chansons qu'on entend tous les jours à la radio. Prêtes-tu attention à leurs paroles ? Autrefois, elles racontaient la vie, la mort, l'amour, la haine. La bouillie qu'on entend aujourd'hui à la radio ne veut plus rien dire. C'est là que je me méfie des professions de foi mallarméennes... Aboli bibelot d'inanité sonore... C'est bien gentil ! Mais ça continue à servir de caution à des charlatans pour raconter n'importe quoi et pour en finir avec le langage. Aboli bibelot... Je ne t'étonnerai pas en te racontant que Donzenac en avait fait un article de foi. Je l'entends encore !... Ce qu'on dit n'a aucune importance, seule importe la manière dont on le dit... Et j'ai pris ça au sérieux. J'ai cru que c'était une position esthétique alors que c'était un argument publicitaire.

— Comment as-tu fait pour ne pas te pendre ?

— Figure-toi que je me le suis souvent demandé. Dans le fond, je n'ai jamais dû croire à ce que racontait Donzenac. Je devais sentir que ce petit monde se jouait un carnaval.

— Il n'y a jamais eu de moments où tu t'es dit que tu n'avais plus de raisons de vivre ?

— Jamais. C'était plutôt les raisons de mourir qui me manquaient. J'ai eu des crises de rage, j'ai fait claquer les portes, je me suis battu, mais je n'ai jamais eu envie d'en finir. J'attendais autre chose. Je l'attends toujours.

— Quoi ?

— La défaite des dieux faux et menteurs. Et le retour des grands temps. Ceux de l'histoire, des passions, de l'amour. Les temps héroïques que je m'invente le soir en m'endormant depuis que je suis gosse.

30 mars

Lorsqu'il était amoureux, Philoctète lisait *Le Banquet* de Platon. C'est le livre auquel il était le plus souvent revenu, peut-être parce que aimer était ce qu'il avait le plus obstinément désiré.

Il songeait justement au sens du verbe désirer, allongé sur son lit, en reprenant le discours d'Agathon. Philoctète n'avait pas oublié la leçon de son maître Tancrède, toujours soucieux de retrouver la vérité du langage en questionnant l'origine des mots.

Désirer, lui avait-il souvent répété, de sa voix espiègle, enfantine, haut perchée, qui épousait sa pensée par la rime et le rythme, c'est *de-siderare*, manquer d'un astre. Quelques circonstances, dans sa vie, avaient permis à Philoctète d'éprouver cette étymologie.

Tancrède était mort depuis deux ans. Son agonie avait ressemblé au combat de Jacob avec l'ange. Son âme s'était arrachée à son corps souffrant dans une terrible lutte. Tombé dans un coma profond, Tancrède avait eu plusieurs fois des réveils étonnants au cours desquels il avait récité des vers de Dante, *ciascuna vestita ne la sua terra fia di doppia vesta, è la sua terra e questa dolce vita*, avant de sombrer, happé lentement par la profonde éternité.

Philoctète n'avait jamais oublié l'émerveillement qu'il avait ressenti au contact de Tancrède. Aucune semaine ne s'écoulait sans qu'il y songeât. Les journées qu'il avait passées dans son bureau encombré de livres et de papiers, à recevoir un commentaire sur Sophocle, sur les deux natures du Christ ou sur tel passage beau et nuisible de Nietzsche, avaient été mieux que des moments de grâce : un essai d'éternité, une anticipation de cet autre mode d'être que Tancrède avait attendu avec l'impatience d'un gosse et dans lequel il était entré par la douleur.

Dans les journaux, la philosophie faisait fonction d'hygiène sociale. Etranger à cette mascarade, retranché derrière Platon et l'Ancien Testament, Tancrède initiait à l'ontologie, au *logos* qui porte sur l'être même, soucieux de le saisir dans son développement, de remonter à son premier mouvement.

Dans cette génération dont on disait qu'elle n'avait pas eu de maîtres, ils avaient été quelques-uns à être venus s'abreuver à cette source, où la parole humaine, débarrassée de l'impiété, redevenue prière, chantait selon l'être, chantait son Etre.

Il avait fallu que ce fût clandestinement. Tancrède, qui avait traversé le siècle nimbé d'une aura scandaleuse et mythique, était devenu un maudit. L'Université lui avait tardivement ouvert ses portes, l'édition lui ouvrait frileusement les siennes, la presse se méfiait de ses colères. Ces iniquités l'avaient fait souffrir. Sa quête d'un état de perfection dans l'être antérieur au monde lui faisait cependant préférer subir une injustice que d'en commettre.

Il avait produit une œuvre philosophique immense, publié des traductions du grec, du latin, de l'italien, de l'allemand et de l'anglais, donné des romans et des poèmes, fasciné jusqu'à ses adversaires. Ses élèves étaient partout l'âme de leurs disciplines. Dès l'orée de son âge d'homme, Tancrède avait été mêlé à de grandes querelles. Elles ne l'avaient jamais quitté. Une réputation de bagarreur l'avait poursuivi. Son visage étonnant de héros grec, ses traits féminins et violents, sa carrure herculéenne, avaient participé à sa légende. Il était impossible de parler avec lui un quart d'heure sans qu'il se mît en colère. On racontait qu'un jour, il avait brisé une chaise sur le crâne d'un interlocuteur qui disait du mal de Rimbaud. On savait qu'il avait eu des ennuis avec la justice, qu'il était devenu un réprouvé, qu'il avait fait des séjours en prison. Il était bretteur, amoureux, poète. Il avait inspiré les personnages de plusieurs romans contemporains.

Son malheur était d'être né dans un siècle peuplé de cuistres qui ne pouvaient pas accepter qu'un philosophe portât cuirasse et guerroyât pour la gloire de Platon et de ses Idées.

Que le destin d'un iconoclaste, d'un démolisseur d'impostures, eût échu à un tel homme demeurait un tragique signe des temps. Comme Antigone, cet inflexible défenseur des lois non écrites était pourtant né pour partager l'amour, non la haine.

Philoctète lui devait de s'être efforcé de lire le grec de Platon. Tancrède ignorait l'indulgence. Il valait mieux, pour éviter ses sarcasmes, s'efforcer de marcher à son rythme.

Philoctète avait mis du temps. Mais il avait pu un jour vérifier que la phrase de Platon possédait une musique, une couleur, un rythme dont la perception était un privilège.

Toujours allongé sur son lit, Philoctète avait terminé sa lecture. Après avoir commencé à déchiffrer le texte original, il avait senti le courage lui manquer. Il avait laissé son volume bilingue et pris la belle traduction de Tancrède. C'était un effort suffisant.

Depuis quelques jours, la volonté lui faisait défaut. Son esprit flottait en pleine ἐποχή, en pleine suspension du jugement.

La nuit, il dormait douze heures. Le moindre effort l'épuisait. Il se débattait dans la servitude amoureuse décrite par Pausanias. Philoctète n'aimait guère Pausanias. Il le trouvait trop sophiste, trop misogyne pour comprendre quoi que ce fût à l'amour.

— Ne deviendrais-je pas sophiste ? se demanda-t-il en traînant les pieds jusqu'à sa bibliothèque.

On aurait dit Napoléon à Longwood, un guerrier privé de bataille. Il rangea *Le Banquet* à sa place, entre *L'Apologie de Socrate* et le *Ménon.* Le fait de ne pas revoir Clara l'exaspérait. Il lui téléphonait tous les matins, mais la jeune femme refusait de convenir d'un rendez-vous. "J'attends", assurait-elle, exquise. Philoctète ne voulait pas savoir pour combien de temps encore.

Il examina ses livres pour se consoler. Les volumes jaunes des classiques grecs occupaient un rayonnage entier. Philoctète les contempla avec satisfaction. Tous étaient ornés de la petite chouette de Minerve. L'oiseau hégélien ne prend son envol qu'à la tombée de la nuit. Quand viendrait l'heure ?

Dans la pièce voisine, le téléphone se mit à sonner. Ça ne pouvait pas être Clara. En début de matinée, Philoctète lui avait parlé deux heures. A la fin, il avait mis un terme à leur conversation en prétextant un rendez-vous à déjeuner. Elle ne devait surtout pas deviner qu'il se trouvait soudain las de toute chose.

Le téléphone sonnait toujours. Philoctète bâilla. Il se demandait quel ouvrage il pourrait lire maintenant. L'appareil se tut.

Longtemps Philoctète avait collectionné les livres. A une époque, il en avait possédé plus de cinq mille, installés sur des étagères qui occupaient toute sa chambre. Un jour il en avait fait disparaître une grande partie. Ces volumes oubliés, démodés, poussiéreux, qu'il ne lirait jamais, ne méritaient pas autre chose.

Avec Saint-Roy, il avait longtemps discuté pour savoir comment effectuer un tri. Reclus dans sa Saintonge, son ami possédait des caves, des greniers pour entreposer les annexes de sa bibliothèque. Il ne comprenait pas la résolution de Philoctète. Celui-ci avait pourtant refusé de changer d'idée. Il avait déclaré superflus tous les livres qu'il n'avait pas eu besoin de relire au moins une fois. Son décret était irrévocable. Il s'était procuré des caisses dans lesquelles il avait entassé les trois quarts de sa bibliothèque. Deux jours plus tard, elles partaient toutes chez un bouquiniste.

En cherchant un livre, Philoctète se dit qu'il lui en restait beaucoup trop. Des amis lui en faisaient parvenir. Lorsque l'envoi qui les accompagnait lui plaisait, il les conservait. Il lui arrivait d'en acheter. Dans ce cas-là, le livre subissait une épreuve avant de rejoindre les autres sur les étagères de la bibliothèque.

Si dans les douze mois qui suivaient son acquisition, Philoctète n'avait pas ressenti le besoin de le lire une deuxième fois, il s'en débarrassait. Quelquefois, il accordait au livre un sursis. Mais le volume restait posé sur une pile par terre tant qu'il n'avait pas été rouvert. L'accès à ses rayonnages restait un privilège.

Philoctète avait faim. Il n'avait plus envie de lire.

Il chercha quelque chose à manger dans la cuisine. Les placards étaient vides. Il pensait au discours d'Aristophane. A chaque fois qu'il reprenait *Le Banquet*, les mythes employés par le philosophe dans son discours lui semblaient moins burlesques.

C'était tragique cette histoire d'individus coupés en deux et condamnés à rechercher leur moitié. Le hoquet d'Aristophane, son ivresse, le mythe des androgynes à quatre jambes et quatre bras qui avançaient en roulant prêtaient certes à rire. Platon ne disait-il pas à la fin de son dialogue que le même art s'applique à la comédie et à la tragédie ?

Philoctète n'arrivait pourtant pas à envisager sans angoisse que l'homme fût une totalité divisée qui errait séparée d'elle-même, punie par les dieux outragés de son orgueil et de son insolence.

Il avait mis du temps à rentrer dans ce mythe. Emerveillé par la révélation finale de Diotime, par la découverte que l'amour était toujours *désir de quelque chose*, il avait cru pouvoir oublier les discours précédents. Tancrède avait pourtant attiré son attention sur leur importance dans le dispositif platonicien.

Philoctète le revoyait, courbé sur la traduction latine de Marsile Ficin, les yeux plissés, marmonnant les phrases avec une rapidité incroyable, et relevant la tête, radieux. Tancrède, qui avait toujours à portée de main une édition de Ficin de 1567, aimait commenter *Le Banquet* dans le latin du Toscan. Il considérait avec lui que le mythe d'Aristophane éclairait de manière extraordinaire le mystère chrétien de la faute d'origine.

La première fois qu'il était allé rendre visite à Tancrède, Philoctète n'avait pas vingt ans. Il avait évoqué *Le Banquet* parce qu'il l'étudiait au lycée. Tancrède avait parlé une heure, avec une force prodigieuse. Il s'était emporté contre Phèdre et Agathon, avait expliqué l'ironie d'Aristophane et cité les Pères grecs. Son auditeur était loin de sa classe de terminale qui s'était esclaffée en chœur à la lecture des passages sur l'accouplement des mâles.

Philoctète cassa deux œufs dans une poêle. Il regarda le blanc se figer et songea à son professeur de philosophie au lycée.

Toujours en quête d'une explication historique ou sociologique, ce dernier avait insisté sur la rivalité entre Platon et Aristophane. Philoctète l'avait souvent chahuté. La philosophie était pourtant l'une des matières qui le passionnaient. Après les cours, il allait voir son professeur pour lui parler de Tancrède.

Le malheureux faisait des bonds sur sa chaise.

— Vous connaissez Tancrède ?

Plus tard, Philoctète avait regretté d'avoir fait la guerre à ce brave homme. C'était un privilège de vivre dans un pays où, malgré la confusion du monde et le triomphe de la rentabilité, la philosophie était encore enseignée. C'était une chance d'avoir connu des maîtres dont la mission était de faire accéder leurs élèves au ciel des Idées. Eux non plus ne devaient pas être heureux de voir leurs disciplines éreintées, submergées par l'informatique, l'économie et les mathématiques financières.

"Ici, s'était souvent dit Philoctète en repassant devant son lycée, la civilisation n'a pas encore tout à fait abdiqué."

Le jeune homme éteignit le gaz, servit ses œufs, se mit à table. Il repensa aux garçons et aux filles de sa classe qui avaient découvert *Le Banquet* en même temps que lui. Quinze ans avaient passé. Qu'étaient-ils devenus ? Ils étaient banquiers, assureurs, contrôleurs de gestion. Ils mangeaient des plats surgelés, avaient des passions saines, changeaient de goûts au gré des publicités.

"Pourtant, songeait Philoctète en savourant un œuf, seul dans sa cuisine, ils ont lu Platon. Mal, peut-être, mais ils l'ont lu."

Lorsqu'il était invité par l'un d'eux, Philoctète regardait sa bibliothèque. Les livres n'occupaient plus dans l'existence de ces gens une place importante. Mais ils n'avaient pas pu se résoudre à les faire disparaître. Cela tenait à la fois de la superstition et du respect dû aux choses sacrées. Ces cadres affichaient des diplômes imposants, ils revendiquaient des salaires importants. Il fallait qu'on vît des livres chez eux. Comme ils n'achetaient plus que des niaiseries qu'ils pouvaient difficilement exposer dans leur salon, ils exhibaient les livres qu'ils avaient étudiés au lycée.

Entre une chaîne hi-fi, des disques et une statuette en terre cuite rapportée d'un voyage au Kenya, quelques volumes cornés, jaunis, tachés d'encre continuaient de témoigner pour la culture de l'âme et les belles-lettres dans un environnement hostile.

Les titres qu'on retrouvait étaient souvent les mêmes : *Le Père Goriot*, *Le Malade imaginaire*, *La Peste*, *Le Discours de la méthode*, les *Pensées*, *Les Fleurs du mal*, *Germinal*, *Le Vieil Homme et la mer*, *Le Banquet*, *Andromaque*. Dix livres : longtemps, Philoctète avait souri de la pauvreté de ce choix. Il avait fini par comprendre qu'il avait tort. Le jour où ces dix livres auraient disparu, il n'aurait pas le droit de pleurer. Alors il avait cessé de se moquer. A considérer ces dix livres, il avait compris ce qu'était une civilisation : la mise en demeure des indifférents.

Philoctète avait fini de manger. L'inaction lui convenait mal. D'étranges sentiments se partageaient son âme. C'était toujours la même chose lorsqu'il songeait au privilège inestimable d'appartenir à un vieux pays, d'être l'héritier d'une histoire et d'un nom. Il lui venait des envies de pleurer.

Las, le jeune homme sortit une bouteille de vin. Après l'avoir débouchée, il s'en versa un verre. Sur les conseils d'un ami caviste, il s'était procuré un excellent collioure.

— Le bordeaux, c'est pour les cons ! assurait ce connaisseur à qui Philoctète n'avait jamais regretté de faire confiance.

Après avoir songé à l'amour, il était temps de s'enivrer. Ce n'était pas la moindre vertu du *Banquet* que d'offrir à l'ivrognerie quelques nobles motifs. Longtemps, Philoctète avait fait d'Alcibiade son héros. C'était à l'époque de la revue *Incertitude*. Puisque Donzenac se prenait pour un nouveau Laurent le Magnifique, les membres de la revue avaient décidé de renouer avec la tradition des banquets platoniciens de la Renaissance.

Un invité extérieur était chargé de tenir le rôle de Socrate : aucun d'eux n'aurait osé. Ils commençaient par des libations et des propos de buveurs. Puis, chacun à leur tour, ils reprenaient les discours du dialogue. Ils avaient leur personnage de prédilection. Saint-Roy aimait parler en premier, dans le rôle de Phèdre ; lorsque Neubourg était là, il interprétait Agathon ; Philoctète intervenait en dernier, dans le rôle d'Alcibiade soûl et gueulant.

— Allons, mes amis… Vous me semblez bien secs ! Vous n'y couperez pas. Il vous faudra boire. C'est dans nos conventions ! Je me proclame donc moi-même roi du festin, jusqu'à ce que vous ayez commencé à boire !

Cela durait très tard dans la nuit. Les discours, peu à peu, perdaient de leur contenu, de leur harmonie. Les querelles d'ivrognes se fardaient en disputes de philologues.

Il ne manquait aucun ingrédient à ces banquets. Philoctète apportait un grand vase pour faire boire les convives. Si un problème de traduction intervenait, il était chargé de se reporter au texte grec qu'il gardait à portée de main.

Philoctète ne se retournait jamais sans émotion vers ce passé. Il lui arrivait souvent d'en reparler avec Saint-Roy. "C'est là ce que nous avons eu de meilleur", concluaient-ils en riant.

— Un chemin conduit à l'Etre qui passe par la beauté…

Seul dans sa cuisine, Philoctète se répétait à voix basse la leçon platonicienne. Les membres de la revue *Incertitude* en avaient fait leur mot d'ordre. Le jeune homme se dit que le temps de leurs ivresses d'antan n'avait pas complètement passé. L'âme troublée du buveur s'initiait toujours aux mystères divins. Dans son extase, elle comprenait toujours que le Beau avait le pouvoir de se réfléchir dans les choses sensibles. Alors elle les aimait.

Lorsqu'il était amoureux, Philoctète se racontait n'importe quoi.

16 avril

L'après-midi devint muet, anonyme. Ils prirent une chambre dans un petit hôtel. Clara riait et l'escalier craquait sous leurs pas.

Dehors, un merle chantait. Des sentiments indéfinissables les occupaient. A cet instant, ils partageaient mieux que la possibilité d'un sursis : l'assurance d'un recommencement. Le monde allait changer de bases. La méchanceté pardonnée, les infirmes marcheraient, les aveugles verraient, les sourds entendraient.

Ce fut un long frisson très pur, un voyage sur un océan défait, une tempête, une peur anéantie. Philoctète revit des moments d'autrefois, un cours de français au collège, une fête foraine, un match de rugby disputé dans la boue. Il avait longtemps joué troisième ligne. Un jour, il raconterait ce passé à Clara.

Au-dessus de la cheminée le papier peint jaune à liserés rouges était décollé, sur les rideaux des lièvres trottaient. Une chanson enfantine revenait sans cesse dans la tête de Clara.

Alors se succédèrent quelques gestes déréglés, désordonnés, un goût d'innocence, la nostalgie d'un bonheur impossible et rêvé. De petites taches de soleil dansaient sur le plafond.

Au même instant, à des milliers de kilomètres de cette chambre d'hôtel, des hommes regardaient le monde au-dessus des nuages, d'autres sous la terre ou au fond des mers.

Philoctète songea à une phrase de l'Ecclésiaste : *Qui se rassasiera et jouira de toute sorte de délices autant que moi ?*

Enfin, ce fut une sensation brûlante.

Plus tard, Clara se leva pour aller boire un verre d'eau dans la salle de bains. En se regardant dans la glace au-dessus du lavabo, elle se trouva séduisante. Lorsqu'elle était enfant, elle aimait se parler dans un miroir. Cela faisait longtemps qu'elle n'osait plus. Elle avait pris l'habitude de révoquer, immédiatement, les comportements qui lui semblaient maladifs.

Clara revint s'allonger près de Philoctète. Couché sur le côté, il dormait. La sueur avait collé ses cheveux sur son front. Elle les remit délicatement en place. La Bretagne l'enchantait. Leurs rites amoureux s'inventaient dans la lumière d'occident.

Le jeune homme avait expliqué à Clara qu'il faisait toujours la sieste. Il aimait dormir, il lui fallait au moins dix heures de sommeil par jour. Clara s'était moquée de lui, elle avait laissé éclater ce rire enfantin et joueur qu'il aimait tant.

Etonné de n'être pas pris au sérieux, Philoctète avait certifié que c'était une nécessité. Il dormait pour rêver, pour être informé en songes, pour rester en contact avec les dieux.

"Avec qui parle-t-il en ce moment ?" se demanda Clara.

Il avait évoqué Artémis, Apollon et Arès. Il avait suggéré l'enfance, les arts et la guerre, ce qu'il avait de plus cher.

La confiance que Clara accordait à Philoctète n'avait plus de limites désormais. C'était un instinct presque animal.

Ils avaient fui. Clara ne savait toujours pas pourquoi. Les explications de Philoctète ne lui avaient pas paru claires. Plus tard, il faudrait en reparler sérieusement.

“Est-il réellement traqué ?” se demanda-t-elle.

Elle était persuadée qu'il s'était inventé des ennemis pour l'obliger à le suivre. Elle ne l'imaginait pas au centre d'affaires interlopes et avait fini par dissiper toute inquiétude.

C'était peut-être parce qu'ils avaient fait l'amour. Souvent, Clara s'était dit qu'il était absurde de s'abandonner si facilement. Elle était comme ça. “Femelle”, assurait-elle dans ses moments d'accablement. Adolescente, elle s'était souvent amusée à jouer les femmes misogynes. C'était un rôle qui fonctionnait plutôt bien. Il lui avait valu quelques succès. Puis elle s'en était lassée, comme de toutes choses. Quand ceci prendrait-il fin ?

La jeune femme regarda longuement Philoctète.

Les voitures qui roulaient dehors faisaient un bruit agaçant. Clara n'y prêtait plus attention. Elle avait oublié les automobilistes qui klaxonnaient, les enfants qui rentraient de l'école, les femmes qui quittaient leur bureau, pressées de retrouver leur famille.

Elle bâilla. On entendait des pas dans la rue. Ces vies établies, rassurantes, avaient cessé de l'intéresser.

Clara comprit ce qui était en train de se produire dans son existence. Le monde extérieur lui devenait étranger.

Elle se leva, marcha jusqu'à la fenêtre, revint s'asseoir.

Quelques jours auparavant, Philoctète lui avait parlé des anges gardiens. Clara avait été estomaquée. Puis elle s'était dit qu'avoir ce genre de conversation au téléphone, à la toute fin du XXe siècle, était un privilège. Alors elle l'avait écouté.

Bien sûr, elle ne voulait pas croire ces fables. Un ange gardien ! Le sien avait tardé à se faire connaître.

— Ne te moque pas, lui avait dit Philoctète. C'est non seulement très beau, mais très vrai. Les Séraphins, Chérubins, Trônes, Dominations, Vertus, Puissances, Principautés, Anges et Archanges, ce n'est pas que de la poésie ! Je sais bien ce qui te fait rire : les ailes, les plumes. Tu ne te vois pas avec une pareille créature au-dessus de la tête. Tu as tort. L'ange du portail de la cathédrale de Reims ferait un charmant compagnon. Hélas ! Ce monde ne sait plus rêver. Il veut tout vérifier dans ses laboratoires. Il faudrait remettre de l'enfance dans tout ça !

— Parce que toi, tu crois aux anges gardiens ?

— Comment douter de leur existence ? Le mien m'a rendu de fiers services depuis que le destin nous a réunis.

— Un ange ?

— Appelle-le comme tu voudras. Un δαίμων, un génie si tu préfères. Messager des dieux et du destin.

— En quelle langue parlez-vous ?

— On ne parle pas. Il m'envoie des signes.

— Des signes ?

— Des larmes, par exemple. Il s'est trouvé dans ma vie des circonstances où j'ai mieux fait de pleurer que d'agir.

Dans la chambre d'hôtel, allongée à côté de Philoctète, Clara repensa à quelques événements passés. Les larmes obéissaient à une étrange logique. Elle n'avait pas pleuré à l'enterrement de son père. Un bloc d'acier s'était figé en elle. Les gémissements de la famille, des amis, l'avaient mise en colère.

Clara sursauta. Philoctète parlait dans son sommeil.

Elle lui effleura la poitrine du bout des doigts. Il se tut.

A cet instant, elle était presque maternelle.

Les sensations de la jeune femme étaient parties en morceaux. Elle n'avait plus la volonté de les rassembler.

Au restaurant, elle avait trop bu. Sa bouche était sèche, avec un goût amer. C'est Philoctète qui avait insisté pour commander une seconde bouteille. Elle avait à peine protesté.

Mais elle s'était insurgée lorsqu'il avait expliqué que ce n'était pas la peine de prendre de dessert. Elle raffolait des gâteaux.

— Oublie-les ! avait exigé Philoctète.

Il prétendait que seuls les mets salés avaient quelque intérêt. Il s'était réclamé des Grecs, qui ne connaissaient pas le sucre, qui se contentaient de miel et de fruits.

Elle avait haussé les épaules.

Vexé, il avait invoqué le Christ.

— Tu l'imagines disant : "Vous êtes le sucre de la terre" ?

Clara avait été agacée. Philoctète avait continué. Il avait prétendu qu'il fallait avoir le goût corrompu pour aimer les plats sucrés. Elle lui avait rétorqué qu'elle s'en moquait, et qu'elle prendrait volontiers un baba au rhum.

— Sans sucre, pas de rhum ! avait-elle objecté.

Furieux, Philoctète était parti dans un développement pathétique sur la conspiration ourdie dans l'ombre par les puissants pour accoutumer les individus à vivre dans un monde sucré.

Les exemples abondaient. Depuis Napoléon et ses betteraves jusqu'aux Américains et leurs cannes, une maçonnerie du glucose, relayée par des multinationales et des restaurateurs corrompus, avait décidé d'en finir avec les plats salés, cette quintessence de la cuisine. Clara l'avait écouté, étonnée, lui certifier que les tyrans raffolaient tous du sucre, que le goût du sel était la caractéristique des hommes libres.

— S'il m'est permis de prolonger la distinction qu'Aristote établit entre la république et la démocratie, avait-il marmonné, je dirais que la première est salée tandis que la seconde est sucrée.

Clara avait tourné les yeux vers la table des desserts. Philoctète avait poursuivi son réquisitoire, accusant les hamburgers, le ketchup et les sauces américaines d'avoir servi de cheval de Troie au sucre. Il en voulait aux fast-foods, où les frites manquaient de sel, aux restaurants chinois, où les plats étaient doucereux, et aux bars scandinaves, où on servait des harengs sucrés.

— Il est inutile que je te dise tout le mal que je pense de la chaptalisation du vin ! Tout ce sucre m'écœure ! Il y va de l'honneur de la civilisation de refouler cette grande offensive des saccharoses. Des biologistes l'ont prouvé ! Le sucre n'est rien dans la chimie du goût ! C'est une sensation annexe, sans importance. Le sucre, c'est le plaisir des enfants, de ceux qui n'ont pas encore eu le temps de se familiariser avec la hiérarchie des saveurs. Un monde sucré est un monde confit, sirupeux, collant. C'est un monde infantilisé, un monde de friandises et de guimauve, perdu pour la liberté. Quelle tyrannie peut-on imaginer de pire que celle du sucre ? Une tyrannie rose bonbon, mielleuse, hypocrite, édulcorée. Le règne du sucre, c'est la dictature des sentiments gluants, de la gentillesse dégoulinante, des crétins poisseux.

Lorsque Philoctète avait achevé son réquisitoire, Clara avait commandé un dessert. Il y allait de son honneur. Si elle y renonçait, elle était prise au piège. Elle avait choisi un feuilleté aux amandes qu'elle avait dégusté avec lenteur, sans cesser de lancer à Philoctète des regards provocants.

Dans la chambre d'hôtel, Clara repensait à ces conversations étonnantes, à ces divagations, à cette allégresse. Elle se souvint de leur discussion dans la voiture. Elle avait pleuré. Allait-elle croire qu'un ange gardien lui avait envoyé des larmes ?

Son regard était en train de se transformer, profondément. Des choses auxquelles elle refusait de prêter attention étaient devenues importantes. D'où venaient ses larmes ? Avec ses dieux et son destin, Philoctète avait semé le trouble dans son esprit. Il était peut-être l'ἄτοπος, l'inclassable qu'il prétendait.

— Pourquoi as-tu cessé d'écrire ? lui avait-elle un jour demandé.

Il avait paru embarrassé. C'était le soir de leur première rencontre. Clara revenait toujours à ces quelques heures, pour comprendre comment les choses s'étaient nouées.

Place Denfert-Rochereau, la nuit s'était enroulée autour du lion de Belfort. Depuis le café où ils étaient assis, Clara n'avait cessé de l'observer, et le ballet incessant des voitures sur la place.

— Ecrire ne fut jamais ma vocation, j'étais né pour inscrire ma chanson dans quelques âmes.

— Et alors ?

— Rien. Tout va disparaître. Et moi avec.

Clara n'avait pas demandé à Philoctète le secret de cette tristesse, ni d'aucune autre. Le jeune homme demeurait un mystère. Ses explications au restaurant ne l'avaient pas convaincue. Ses mises en scène, ses traits d'esprit, ses cabrioles cachaient quelque chose. C'était d'abord à une fille qu'avait songé Clara. Elle avait sondé Philoctète, l'avait questionné, harcelé. Lui jurait que non. Il se prétendait étranger au malheur venu des femmes.

"J'ai mille tours en réserve pour faire fuir toutes les Circé de la terre", assurait-il crânement.

Place Denfert-Rochereau, deux taxis s'étaient heurtés pendant qu'ils bavardaient. Clara avait regardé les conducteurs descendre, lever les bras au ciel, s'apostropher. Depuis le café, elle n'entendait rien. Philoctète avait continué.

— J'aime bien ce que Platon dit de Socrate dans le *Ménon* : trouver des difficultés et en faire trouver aux autres.

Les chauffeurs de taxi avaient commencé à se battre. Clara avait tiré Philoctète par le bras.

— Regarde.

Philoctète s'était à peine intéressé à ce qu'elle lui montrait. Il avait continué, sans répondre à la question de Clara. A la fin, la jeune femme s'était presque énervée.

— Pourquoi as-tu cessé d'écrire ?

Le visage de Philoctète s'était assombri quelques instants.

Très lentement, un sourire lui était venu aux lèvres.

Clara avait attendu.

Il lui avait pris la main, avec cet air cajoleur qu'inspirent les situations embarrassantes, l'avait regardée dans les yeux.

Aucun mot n'était sorti de sa bouche.

De retour chez elle, Clara avait exhumé un vieux cahier d'un tiroir. Elle avait voulu noter les pensées qui lui étaient venues pendant la conversation. Elle entendait vérifier la cohérence des propos de Philoctète. Sur le chemin du retour, elle s'était laissé envahir par la colère : ce type s'était moqué d'elle. Son exubérance était suspecte. Il racontait n'importe quoi, se bricolait des mythologies au gré des circonstances. Clara avait écrit noir sur blanc ce qu'il lui avait raconté pour pouvoir le confondre.

Dans la chambre d'hôtel, Clara pensait à son cahier. Reviendrait-elle à Paris ? Il était peut-être perdu à jamais. Elle n'avait noirci que trois pages, mais c'était beaucoup, trois pages, pour quelqu'un comme elle. Elle ne s'était jamais crue romancière ou poète. D'habitude, elle n'écrivait jamais, ni pour elle-même, ni pour les autres. Ses amis ne lui en voulaient pas, qui savaient inutile d'attendre d'elle ne fût-ce qu'une carte postale.

Cette longue conversation avec Philoctète l'avait obligée à jeter quelques mots sur le papier. Clara avait eu besoin de fixer ses sensations. Mieux que des paroles, toujours éphémères, mieux que des souvenirs, jamais fidèles, ces quelques phrases disaient encore, et pour toujours, ce qu'avait été son trouble.

Sa mémoire lui faisait systématiquement défaut. Elle ne retenait rien. Philoctète, qui l'avait constaté, lui avait rapporté le vieux canular surréaliste avec malice : "Quel est le trou le plus approprié pour prendre une femme ? Le trou de mémoire !"

Lorsqu'elle avait retrouvé son cahier le lendemain, Clara s'était sentie moins énervée. Son sommeil avait agi comme un baume. Elle avait songé à cette petite révolution dans sa vie : elle avait écrit ! Elle n'avait pas voulu s'attarder à cette pensée.

Philoctète ignorait l'existence de ce cahier. Clara s'était bien gardée de lui en parler. Ce qu'il renfermait devait rester secret. C'étaient des considérations presque militaires. Si elle l'avait évoqué, le jeune homme aurait exigé qu'elle lui lût au téléphone.

Philoctète choisissait souvent des textes dont il faisait la lecture à Clara. Cela durait tard dans la nuit. Elle enclenchait le haut-parleur de son appareil, et laissait la voix de Philoctète emplir la pièce. Elle était rauque, chaude, théâtrale. Clara aimait l'entendre s'installer dans sa chambre, effleurer les murs, les meubles, tourner, revenir près d'elle, caressante et familière. Elle se levait, restait debout près de la fenêtre, continuait à écouter.

Cela pouvait durer vingt minutes, une heure, quelquefois plus. C'était toujours le soir. Clara regardait les lumières qui scintillaient au-dessus des toits. De rares ombres remuaient derrière des persiennes. Des êtres vivaient là, partout, des cœurs battaient sous des poitrines apaisées. Pendant ce temps-là, Philoctète lisait un poème, le chapitre d'un roman, un article dans un quotidien. Une nuit, ce fut une pièce de Sophocle.

Clara se demandait pourquoi il la surnommait "mon Antigone". Pour lui répondre, Philoctète avait pris un livre dans sa bibliothèque et lui avait lu l'œuvre en intégralité.

— Rien ne gouverne plus nos existences qu'une violence brute, aveugle, grossière, lui avait-il ensuite expliqué. Quelques êtres nés pour partager l'amour, non la haine, ont choisi, malgré tout, d'obéir aux ineffables prescriptions de leur cœur, à quelque chose qui les précède et dont ils savent la fragilité et le prix…

Après cela, Philoctète avait parlé à Clara des deux poussières sur le corps de Polynice, la poussière criminelle d'Antigone, la poussière sacrée des dieux. La main de l'homme rejoignant celle des dieux, la liberté confondue avec la grâce pour donner au frère réprouvé la sépulture commandée par la loi, l'image l'enchantait.

— Au lycée, avait poursuivi Philoctète, je suis tombé amoureux d'Antigone lorsque j'ai lu la pièce de Sophocle pour la première fois. Quel éclat, quelle grandeur dans l'attitude de cette héroïne capable d'épouser son destin en d'orgueilleuses noces ! Je ne plaisante pas. Pendant quelques mois, les filles autour de moi avaient cessé de m'intéresser. Ou je les regardais sous les traits de ma pieuse et criminelle Antigone. Je leur faisais prononcer certaines phrases, les obligeais à se conformer à mon désir.

"C'est à mon tour de jouer ce rôle ?" se demanda Clara en regardant Philoctète dormir. Elle revoyait la nuit où il avait murmuré ces phrases. Le mystère enrobait leur conversation. Les mots planaient, plus légers, plus doux que d'habitude.

Dehors, le merle chantait toujours. Le rythme des heures avait cessé d'exister. Clara vit son pantalon et son ticheurte par terre. Lorsque Philoctète l'avait déshabillée, elle lui avait demandé de l'attacher avec son foulard. Il lui avait tenu les mains, lui avait fait un petit peu mal. Mais il ne s'était pas servi de son foulard.

Dans la langueur de l'après-midi, dans une ville aux larges rues dont elle ignorait l'agitation, la jeune femme le regrettait.

Agacée par tant d'attente, Clara s'installa à califourchon sur Philoctète et se frotta doucement sur son dos.

Le jeune homme se retourna. Il ne sembla pas à Clara qu'il fût réveillé. Il fut très docile.

A la fin, il avait les yeux grands ouverts, et souriait.

— Qu'est-ce qu'on va devenir ?

Philoctète détesta cette question. Il se mit à genoux, prit Clara dans ses bras, bondit hors du lit en l'entraînant avec lui.

Ils étaient nus, et dansaient dans la chambre d'hôtel, serrés l'un contre l'autre, au rythme d'une romance de Leonard Cohen chantonnée par Philoctète avec un accent très convaincant.

— … *Dance me to the children who are asking to be born… Dance me through the curtains that our kisses have outworn… Raise a tent of shelter now though every thread is torn…*

Ils restèrent ainsi un long moment. “C'est un magicien, un sorcier”, pensa Clara qui avait oublié ses questions.

14 avril

— Philoctète ?

— Oui.

— C'est Clara.

— Je n'avais pas reconnu ta voix.

— Tu mens.

— Je ne mens jamais.

— Tu fabules.

— Quelquefois.

— Pourquoi ?

— Je ne voulais pas que tu saches que j'attendais ton appel.

— Que tu susses.

— Oh ! Voilà ce qu'on appelle une parade de revers.

— Je la ruminais depuis dix jours.

— C'est élégant.

— Moi aussi je suis capable de relire une grammaire.

— J'apprécie. Les femmes susceptibles de réviser la conjugaison de l'imparfait du subjonctif pour rajouter une épreuve sur la carte du Tendre se font rares. Et c'est bien dommage.

— Pourquoi n'as-tu pas appelée ce matin ?

— C'était ton tour.

— Depuis qu'on se connaît, tu me téléphones tous les jours.
— On se connaît depuis quand ?
— Trois semaines.
— On ne s'est vus qu'une seule fois.
— C'était peut-être la dernière.
— Ce n'est pas très gentil.
— Non.
— …
— Alors ?
— De quoi voulais-tu me parler ?
— Je voulais te dire que je n'ai pas cessé de penser à toi, hier soir. Il m'a fallu des heures pour m'endormir. Je me suis tournée et retournée dans mon lit en imaginant cent manières de faire l'amour avec toi. C'était presque aussi bien que si nous avions passé la nuit ensemble.
— Qu'en sais-tu ?
— Rien.
— Comment c'était, ces cent manières ?
— Je ne les ai pas toutes retenues.
— Dommage. Il te suffisait de prendre un crayon, des feuilles de papier, et tu récrivais *Histoire d'O* en pensant à nous deux.
— Je ne sais pas écrire.
— Aucune importance. Je t'aurais remis tout ça en forme.
— Personne ne voudrait éditer un truc pareil.
— Je te présenterai un ami. Il s'appelle Donzenac. Une fille de vingt-sept ans, jolie, intelligente, qui publie un premier roman libertin écrit dans la langue de Mme de Lafayette… Il t'assure dix passages télé, deux couvertures d'hebdo, un prix littéraire, et tu es sûre d'en vendre cent mille. Fais le calcul : en touchant dix francs par livre, tu peux gagner plus de cent patates. Pendant ce temps-là, Donzenac

négocie l'adaptation au cinéma et tu es tranquille jusqu'à la fin de tes jours. Tu imagines ? Une fille habituée à la fête de *L'Humanité*, nourrie au lait de Marx, Engels, Staline, racontant sa passion pour les bas de soie avec le détachement d'une maîtresse de Louis XV ? Le bourgeois fondrait sur place.

— Ça n'intéresserait pas grand monde.

— Fais-moi confiance, Donzenac te trouverait un titre vendeur. Quelque chose de direct. Nous vivons une époque qui n'a pas froid aux yeux. Il faudrait que je lui en parle. Tu deviendrais l'icône érotique de ta génération, l'héroïne de l'après-révolution sexuelle. Sur la bande d'éditeur, il ferait imprimer un vieux slogan remis au goût du jour. *Plus je fais l'amour, plus j'ai envie de faire la globalisation !* Les révolutions manquées sont d'inépuisables réservoirs pour les publicitaires… Elles continuent à faire rêver… *Plus je fais l'amour, plus j'ai envie de faire la globalisation…* Tu imagines comme ça péterait, par piles de cinquante, dans les hypermarchés, les gares, les aéroports !

— Je crois que les places sont chères.

— Donzenac sait y faire… Il s'arrangerait pour qu'on te fasse un procès pour incitation à la débauche. Il viendrait lui-même témoigner au Palais de Justice. Je l'entends déjà... La SSSociété n'aime pas les EEEcrivains… Elle ne les a jamais aimés… SSSade, FFFlaubert, BBBaudelaire !… On est toujours coupable d'avoir du SSStyle !… Avant même que le livre ne soit paru, il annoncerait que les droits ont été vendus pour la traduction dans quinze pays… Les Chinois en sont fous ! Les Argentins veulent en faire un téléfilm ! Les Suédois une bande dessinée !… Il ferait de la publicité partout…

Plus je fais l'amour, plus j'ai envie de faire la globalisation !... En russe, en allemand, en chinois mandarin... Il faut absolument que je te présente Donzenac.

— Il est comment ?

— Petit, fruste, prétentieux, mais ça n'a aucune importance. Ce qui compte, c'est ce qu'il va faire de toi. Naturellement, il voudra te sauter. Ça fait partie du jeu. Je te fais confiance pour lui résister. Non que je sois du genre jalmince. Mais s'il parvient à ses fins, tu ne pourras plus rien obtenir de lui. A ce moment-là, adieu télés, prix littéraires et magot. Envolés les millions !

— Philoctète ?

— Oui.

— C'est ce que je t'ai raconté juste avant qui t'a mis dans cet état ?

— Quel état ?

— Tu as parlé sans reprendre ton souffle... Dans le seul but d'inventer une histoire dont je n'ai absolument rien à faire...

— Tu n'en as rien à faire d'être couverte de gloire ?

— Rien.

— D'avoir ta photo dans les magazines ?

— Bagatelles.

— De passer à la télé ?

— Broutilles.

— D'empocher des millions ?

— Vétilles.

— Je raccroche ?

— Tu écoutes ce que je te raconte.

— Tu me racontes quoi ?

— Cent façons de faire l'amour avec toi.

— Je veux bien.

— Je t'entends rougir au téléphone, gros bébé !

— Tu veux ma peau ?

— Je veux juste te montrer tes faiblesses.
— Où es-tu en ce moment ?
— Chez moi.
— Où ça chez toi ?
— Dans ma chambre.
— Ne bouge plus. Je suis là dans une demi-heure, nous allons évaluer ensemble mes faiblesses.
— Tu ne sais même pas où j'habite.
— Rue des Martyrs.
— A quel numéro ?
— Je trouverai bien.
— Bonne chance, la rue est longue. Je dois t'avertir qu'il y a un interphone et un digicode en bas de chez moi.
— Quelle merveille ! Ça vit dans un monde festif, fraternel, transparent, ça voyage de Rome à Pékin, ça prend son pied d'Amsterdam à Lisbonne, et ça se barricade derrière des serrures électroniques ! Plus moyen de créer des surprises ou de débarquer à l'improviste. Tout est calibré, planifié, numérisé !... Numéro de carte bancaire ! Numéro de sécu ! Numéro de réservation ! Numéro d'immatriculation ! Deux deux un neuf sept un !... Huit huit quatre trois deux un !... Donnez-nous le numéro !
— Ce qui te rend furieux, c'est que nous ne soyons plus séparés que par six chiffres.
— Le plus simple est qu'on en finisse. Donne-les-moi.
— Plus tard.
— Ah ! J'ai quand même une chance.
— Tu le sais bien.
— Non. Vu la manière dont tu t'es enfermée, je croyais bien ne plus jamais te revoir. A moins de descendre en hélicoptère ou de passer par la cheminée.

— Tu peux aussi camper en bas de ma rue.

— Je peux espérer te voir quitter ta retraite ?

— Il m'arrive de sortir !

— Quand j'appelle, tu es toujours chez toi.

— Je n'ai rien à faire en ce moment.

— Ça fait combien de temps que tu vis comme ça ?

— Pas très longtemps. Depuis que mon contrat a pris fin. De toute façon, il faut que je retrouve du travail. Mes économies sont en train de fondre. Je suis incapable d'aller remplir les papiers pour une allocation. Et puis je n'en ai aucune envie ! Ce qui m'effraie, c'est d'être obligée d'accepter un job déprimant.

— C'est une chouette vie pour une fille belle, intelligente, dans la force de l'âge ! On peut dire que nous vivons dans une société qui chouchoute ses enfants. Elle les aime, ses loupiots. Et pendant ce temps-là, on ne nous parle que de nos droits. Droits de l'homme ! Droits au bonheur ! Droits au logement ! C'est de là que vient le piège. On s'est fait enfermer, enliser, enfariner avec ces histoires de droits ! Et les devoirs, bordel ! Où est passée la vieille tradition française du devoir de révolte ? Que sont devenus les émeutes, les barricades, les soulèvements d'antan ?

— On ne parle que de ça.

— Justement ! C'est là qu'il faut être méfiants. La pompe avec laquelle on a célébré la Révolution française et quelques troubles ultérieurs cachait une ruse. On voulait définitivement faire oublier le devoir de révolte. C'est pour ça qu'on n'enseigne pas l'histoire de France aux jeunes générations. On leur raconte des sornettes ! Trop dangereux, l'histoire de France !... Ça leur donnerait des idées ! On ne peut pas raconter aux lycéens comment ça se passait dans l'Université médiévale lorsqu'un lieutenant de police se montrait arrogant. Ils finiraient par croire que les hommes, autrefois, n'étaient pas plus bêtes qu'eux.

— Personne ne prétend qu'ils étaient bêtes. Mais les pauvres n'avaient pas grand moyen de se faire entendre.

— Parce que tu imagines que les croquants du Limousin, les nu-pieds de Normandie, les sabotiers de Sologne, les lustucrus du Boulonnais, les bonnets rouges de Bretagne ne se firent pas entendre ? Parce que tu crois qu'ils hésitèrent à mettre à sac les bureaux des fermes du sel ? Je ne parle pas des canuts de Lyon, des fondeurs de Paris, des mineurs d'Anzin, des grèves insurrectionnelles à Rouen, Limoges, Bayonne, Autun, Metz, deux siècles plus tard ! Crois-moi, les Français ont été un peuple coriace. Il a fallu en mater, des émeutes, des jacqueries, des séditions, avant d'en venir à bout.

— Ce sont des romans tout ça.

— Non, ce ne sont pas des romans ! Il faudrait que je te montre les lieux de ce passé. L'histoire de France, c'est sa géographie. Pour le comprendre, il faut partir, s'éloigner des grands centres asphyxiés, se perdre loin des autoroutes. Partons à l'aventure ! On emprunterait des routes bordées de platanes, on s'arrêterait dans des villages minuscules, on dormirait dans des sous-préfectures. Ce serait une suite française dont les étapes auraient pour noms Château-Thierry, Laon, Béthune, Yvetot, Argentan, Dinan, Cholet, Rochefort, Guéret, Montauban, Collioure, Saint-Flour, Sète, Arles, Digne, Vence, Modane, Lons-le-Saunier, Autun, Epinal, Lunéville, Haguenau, Arras. Une suite française pleine de toits d'ardoises, de chambres d'hôtel, de déjeuners au soleil.

— Drôle d'itinéraire pour un Grec ancien. Je m'attendais plutôt à ce que tu évoques Délos et Naxos, Rhodes, Athènes, Corfou.

— Je ne suis pas une agence de voyages. Ma Grèce est invisible. C'est un songe, un mirage, un motif musical. Elle peut se réincarner partout où il reste une bibliothèque et un petit peu de civilisation. On embarque pour Ithaque ?

— Plus tard.

— Pourquoi plus tard ?

— Je ne sais pas ce que je veux.

— Qu'est-ce que ça signifie ! Comment pourrais-tu savoir ce que tu veux ? Comment pourrais-tu désirer dans un monde qui n'a plus Histoire ni héros ? Tu fais semblant de n'en vouloir qu'à toi parce qu'il est devenu obligatoire de *positiver*, pour parler comme les cons de la télé. Ce serait un blasphème d'avouer qu'une femme de vingt-sept ans peut s'ennuyer dans un monde comme le nôtre. S'ennuyer ! Comment est-ce possible à l'heure de la bonne humeur cybernétique ! Tu as tout ce qu'il te faut à portée de la main. Des voyages, des clubs de rencontres, du fantasme à la carte, du sexe sans risque. Et tu t'ennuies ? Il ne faut surtout pas le dire… Il faut trouver autre chose ! Tu dois être malade, ma pauvre fille… Rationalise, médicalise, analyse ! Confie ton désarroi à un psy… Vous vous ennuyez, mademoiselle ? Mais vous êtes angoissée, névrosée, inhibée !… Que sais-je d'autre ?… Frigide, masochiste, hystérique !… A moins que ce ne soit plus grave !… Frustrée, obsédée, paranoïaque !… Ce n'est pas possible autrement ! Tout ça vient de loin !… De très loin… De la censure !… Attention à la censure !…

A quoi rêvez-vous ? Comment va votre Œdipe ? Bien ? C'est mieux comme ça ! Et votre libido ? Attention à la censure !... Et papa ? Que devient papa ? Attention à la censure !... Il faut le flinguer ! C'est déjà fait ? Parfait ! On va pouvoir passer à autre chose...

— Arrête, Philoctète.

— C'est vrai que je me suis engagé sur un terrain religieux. Le croyant de la psychanalyse n'accorde aucun droit au blasphème. La transgression ne concerne évidemment pas le credo freudien. Foulons aux pieds les Tables de la Loi, pissons dans les bénitiers, tuons papa, mais pas un mot ironique sur le ça, la dénégation, le surmoi. Qui fixe aujourd'hui les interdits ? Les curés ? Les évêques ? Le pape ? Pauvre homme !

— Je ne sais pas s'il est à plaindre.

— Bien sûr qu'il est à plaindre ! Le Vatican c'est Fort Alamo. Une place irréductible qui abrite une poignée de désespérés. Ils n'ont plus que leur foi pour eux ! Et quelle foi ! La réversibilité des mérites, la résurrection de la chair, l'infaillibilité pontificale... *Ex Patre Filioque procedit...* Au siècle de la bombe atomique ! Si je devais mourir demain, j'aimerais que ce soit auprès de types comme ça. Je me vois bien, les armes à la main, retranché avec des prélats en robe de soie et cuirasse dorée, au milieu des trompettes et des violons. On ferait résonner un gigantesque *Te Deum* dans le ciel de Rome. *Te Deum laudamus ! Te Dominum confitemur ! Te Æternum Patrem ! Omnis terra veneratur !* Vingt-cinq siècles de civilisation s'abîmeraient sur notre dernière barricade dressée dans la chapelle Sixtine. On ferait cramer les cars de touristes japonais. On lutterait jusqu'à notre dernier souffle contre des barbares qui pour être habitués au courrier du cœur des magazines féminins croiraient rétablir les droits imprescriptibles de la jouissance ! Crétins ! C'est eux qui ne savent pas ce que jouir veut dire. Ils se pendent, ils s'empoisonnent, ils se brûlent la cervelle par milliers et ils voudraient nous détourner de Platon et de saint Augustin !

— Philoctète.

— Je m'arrête.

— J'espère que cette fois-ci c'est la dernière.

— Tu me connais. Je trouverais toujours moins absurde de chercher une réponse au mystère de l'existence dans les entrailles d'un pigeon ou dans l'oraison que sur un divan.

— Je l'ai compris.

— C'est vrai que ça fait à peu près cinquante fois que je te le redis.

— Cinq cents.

— Si ce n'est plus.

— C'est du comique de répétition ?

— Quelque chose comme ça.

— Si on parlait d'amour ?

— De cent façons de faire l'amour ! Il va bien falloir en essayer au moins une. Passer à l'acte, comme dirait l'autre. Autrement, on ne va pas cesser de se disputer.

— Tu vas rire.

— De quoi ?

— Je crois que j'ai encore beaucoup de choses à refouler avant d'être prête.

— C'est sûr que je vais rire ! Qu'est-ce que c'est que ce jargon ? Je voudrais savoir dans quel monde nous vivons pour que des individus en soient arrivés à parler comme ça.

— Tu fais exprès de ne pas comprendre ce que je te dis.

— J'ai très bien compris ! Je hais ce monde pour tout le mal qu'il fait au langage. Si je t'avais laissée continuer, tu m'aurais mis en garde contre les paradoxes du signifiant.

— Ça suffit !

— J'arrête.

— Pourquoi es-tu agressif ?

— C'est… c'est le téléphone ! La séparation me rend méchant. On ne devrait pas se parler si longtemps au téléphone. C'est une séparation. Il n'y a rien de pire. Télé-phone, télé-vision, télé-copie, il faut en finir avec tous ces télés ! Je rêve de quelque chose d'autre. Quelque chose de simple, qui ne serait plus télé… Quelque chose qui ressemble à la vie… Une route ! Une route pareille à un destin, une route avec un début et une fin, une route sur laquelle s'éprouveraient des chagrins, des désirs. Une route n'est jamais télé… Au pire, elle est auto. Ouvrons-nous une route !

— J'ai fait tellement de mauvais choix. Fini le temps des fugues et des fuites… Je n'ai pas envie de ressembler à toutes ces filles qui collectionnent les échecs et sautent à pieds joints dans des aventures dont elles ne savent rien.

— Mais elles en savent tout ! Ce qu'elles recherchent, ce sont des pièges à cons. Passe-moi le jeu de mots. L'inconnu n'est jamais inquiétant. Comment le serait-il puisqu'on n'en sait rien ? C'est une page blanche. Plonger dans l'inconnu c'est faire un pied de nez aux fatalités déchaînées.

— Ne te fatigue pas, Philoctète. Tu l'as compris toi-même. Je suis retranchée chez moi, et je ne suis pas près d'en sortir. Je ne dis pas que tu n'es pas aimable. Mais je n'ai pas envie de t'aimer.

— Sublime énoncé contre-performatif ! Je serais plus inquiet si tu me disais que tu avais envie de m'aimer. Ce serait m'avouer que tu n'y arrives pas. Là, c'est une déclaration ! Extraordinaire ! Un homme, une femme, dans la nuit des passions et du siècle. Ils ne se cherchaient pas, ils ne s'attendaient pas. Ils se sont vus, ils se sont plu. Depuis ce jour-là, ils ne pensent qu'à une chose. Se goûter, se caresser, se mélanger. On ne peut pas désespérer d'un monde où surviennent de tels prodiges !

— Je n'en ai jamais désespéré.

— Hélas, si.

— Peut-être. Mais je n'aime pas cette manière que tu as de croire que je t'ai attendu pour y voir clair. Dans un an je t'aurai peut-être oublié. Et je continuerai à vivre. C'est assez désagréable de parler avec un individu persuadé d'avoir apporté du feu à ma lanterne.

— Je ne crois rien, Clara, je ne prétends rien, je ne préconise rien. Le feu ne vient ni de l'un, ni de l'autre, il naît du frottement.

— Alors… Il ne nous reste plus qu'à créer l'étincelle ?

— Tu l'as dit.

16 avril

Ils quittèrent l'hôtel sans bruit. Le portier les regarda passer comme des fugitifs. Surprise, Clara le fit remarquer à Philoctète.

— Que sommes-nous d'autre ? répondit-il, agacé.

Trois rues les séparaient du musée. Ils décidèrent de s'y rendre à pied. Philoctète marchait devant, les mains dans les poches, à grandes enjambées. Il portait une veste en velours côtelé dont il avait relevé le col. Clara trottait derrière lui, légère, consolée.

Ses yeux brillaient. Ce n'était pas l'éclat de l'émotion, ni celui de la concupiscence. Elle n'avait pas des yeux de courtisane. C'était les mains de Philoctète et les draps froissés ; c'était l'heure qu'ils avaient passée, le bonheur échangé, le temps renouvelé.

— Terrifiant, ce serpent de mer ! Regarde son œil… Il est rouge, vitreux, obsessionnel… Quel regard cruel ! Et ses ailes hideuses ! Et cette mer agitée autour de lui… Même le ciel paraît menacé par les ténèbres ! Pauvre Andromède enchaînée à son rocher !

— Qu'est-ce qu'elle avait fait ?

— Rien. C'est sa mère, Cassiopée, reine d'Ethiopie, fille d'Arabos et petite-fille d'Hermès, qui l'avait stupidement comparée aux Néréides lors d'un banquet. Ces dernières l'avaient très mal pris.

— Les Néréides ?

— Des lolitas aquatiques… Elles étaient une cinquantaine… Toutes à la recherche d'une union avantageuse. Les dieux n'étaient pas difficiles à tenter… Mais Zeus et Poséidon se les réservaient. Elles étaient un peu les odalisques de leur harem marin…

— Mais pourquoi s'étaient-elles mises en colère ?

— A cause de la beauté d'Andromède ! Observe sa chair lumineuse, élégante, appétissante. Toute en rose et en nacre… Cassiopée n'avait pas tort lorsqu'elle prétendait que sa beauté surpassait celle des Néréides. Elle aurait simplement pu trouver le moyen d'éviter les injures.

— Les injures ?

— Ovide parle d'écarts de langage. En fait, elle les avait tout simplement traitées d'outres à foutre.

— Qu'est-ce qui lui avait pris ?

— L'ivresse de fin de banquet, l'excitation, la haine aussi. Ses aïeux avaient un vieux contentieux avec Poséidon.

— C'est lui qui avait lâché ce serpent de mer ?

— Evidemment. Les Néréides étaient allées se plaindre auprès de lui. Au début, il n'écoutait pas, mais elles n'avaient pas cessé de pleurnicher. Pour leur faire plaisir, il avait envoyé un monstre chargé de ravager les côtes phéniciennes. Et comme ça ne suffisait pas, il avait ordonné à d'ignobles tritons d'enchaîner Andromède à un rocher pour qu'elle soit livrée à la bête.

— C'est affreux !

Ç'aurait pu l'être si Persée n'était pas intervenu. Intrépide Persée ! On parle toujours de son demi-frère Hercule… L'hydre de Lerne, le sanglier d'Erymanthe, le bœuf de Géryon, les écuries d'Augias, le jardin des Hespérides. Ça a frappé les imaginations ! Mais bien avant lui, Persée avait fait aussi bien. Et même mieux ! Comme le rappelle Ovide, il avait soumis le titan Atlas qui gardait le jardin des Hespérides en le transformant en montagne. Autant te dire que lorsque le jeune Hercule vint quelques années plus tard dérober les pommes des Hespérides, tout le travail était fait… Il ne faut pas écouter ce qu'on raconte.

— Qu'est-ce qu'elles avaient de si extraordinaire, ces pommes ?

— Elles étaient très belles. Héra, la reine du ciel, les avait reçues en présent. Elle y tenait tout particulièrement… Elles étaient en or, comme la pluie qui donna naissance à Persée.

— Une pluie d'or ?

— Ce n'est plus Ovide, c'est Sophocle qui le raconte dans *Acrisios*, une pièce qui raconte le destin tragique du fils d'Abas à qui un oracle avait annoncé qu'il périrait de la main de son petit-fils. Tu sais comme ça se passe dans ces cas-là… On a la mort aux trousses et aucun moyen d'y échapper… Le malheureux Acrisios voulut pourtant y croire… Il tenait à la vie… Il fit donc enfermer sa fille unique Danaé dans une chambre d'airain pour qu'elle ne connaisse pas d'homme. Zeus en pinçait pour elle… Il ne se laissa pas intimider… Il se glissa dans la chambre sous la forme d'une pluie d'or. Quelque temps après, naissait le petit Persée.

— Conçu par l'opération du Saint-Esprit.

— C'est une manière de voir les choses. Bien que je ne croie pas que Dieu le Père en ait jamais pincé pour la Vierge Marie... Mais c'est vrai qu'il y a chez Persée quelque chose qui annonce le Christ... A la fois par son origine et par sa vie... L'un défie Méduse, l'autre Satan... Ovide, toujours très bien informé, parle même d'un affrontement entre Persée et Lucifer... Beaucoup de choses concordent avec le Christ... Jusqu'au serpent gardien des pommes dans le jardin des Hespérides dont notre héros s'était facilement débarrassé. Le parallèle est intéressant. Calderón l'a d'ailleurs fait dans une de ses pièces religieuses.

— Est-ce que Persée tua finalement son grand-père ?

— Hélas ! La mort aux trousses, je te dis... Le vieux n'échappa pas à l'oracle... Mais c'était longtemps après cette rencontre avec un monstre marin qui s'apprêtait à dévorer Andromède...

— Je devine que Persée en est sorti vainqueur.

— Regarde bien le tableau de Véronèse...

Les salles étaient blanches, sonores, au musée des Beaux-Arts de Rennes. Depuis une demi-heure, Philoctète s'enflammait devant une huile sur toile où l'on voyait Persée délivrer Andromède. A l'autre bout de la pièce, un gardien écoutait et souriait.

Il trouvait Clara jolie et Philoctète captivant.

A plusieurs moments, d'autres visiteurs s'étaient arrêtés dans la grande salle du premier étage où était accroché le tableau de Véronèse. L'exégèse mythologique de Philoctète résonnait entre les murs. Le jeune homme se délectait, intarissable, amusant. Certains passionnés, peu nombreux, avaient essayé de suivre son propos, de digressions en parenthèses, d'insertions en réminiscences. Les musées n'attiraient pas les foules à ce moment de l'année. En pleine semaine, il n'y eut guère que quelques étudiants, un couple de touristes, un groupe de personnes âgées pour prendre le temps d'écouter ce que racontait Philoctète.

Le jour baissait doucement. A plusieurs reprises, Clara lui avait jeté des coups d'œil impatients.

— On y va ?

— Attends que j'aie fini de te raconter mon histoire !

Le gardien était ravi de cette animation imprévue. Depuis qu'il travaillait dans ce musée, il avait souvent regretté de n'avoir pas eu droit à un commentaire complet des toiles sur lesquelles il veillait. Cela faisait maintenant douze ans. Il n'avait jamais changé de place. Souvent, des visiteurs lui posaient des questions sur les tableaux exposés. Il ne savait jamais leur répondre.

Pourtant, le soir, lorsqu'il s'endormait, il lui arrivait de rêver à Véronèse, au Tintoret, au Parmesan. L'enthousiasme de Philoctète lui avait fait plaisir. Il vénérait secrètement *Persée délivrant Andromède*, mais n'osait en parler à personne. On s'était trop moqué de lui. Longtemps, il avait aimé cette toile pour ses couleurs, ses bleus, ses roses, ses jaunes éclatants. Puis il avait été ensorcelé par le mouvement, la vitesse que le peintre avait donné à la scène. Il lui était arrivé d'observer bouger Persée. Un jour, il avait été persuadé de voir les larmes d'Andromède glisser sur la toile. C'était en décembre. Après la fermeture, il en avait parlé à ses collègues. Tous avaient ri grassement.

Le gardien s'enorgueillissait de travailler dans un musée. A l'école, il n'avait jamais été bon élève, mais il avait gardé un respect religieux pour la culture et les choses savantes. Dans son petit village, l'instituteur était quelqu'un. Véritable sorcier laïque, il n'allait ni à la messe, ni au bistro. Les femmes le regardaient avec respect, les hommes ôtaient leur casquette pour le saluer.

Le gardien se souvenait des images qu'il distribuait aux élèves méritants à la fin de chaque trimestre. C'étaient des reproductions de tableaux du Louvre : *Les Noces de Cana*, *Le Serment des Horaces*, *Le Radeau de la Méduse*. Des chefs-d'œuvre avec des noms dont les génitifs racontaient des histoires fabuleuses. Le gardien avait souvent de mauvais résultats. Il n'en avait jamais reçu.

Lorsqu'il était rentré de son service militaire, un camarade de régiment lui avait parlé d'un emploi au musée des Beaux-Arts de Rennes. Le gardien n'était jamais entré dans un musée. Il songeait à toutes les images merveilleuses dont il avait été privé autrefois, en vrai, en grand, en couleurs flamboyantes. Les tableaux qui l'avaient fait pleurer, pour lui, tous les jours, toute sa vie. Son cœur battait lorsqu'il s'était présenté pour la première fois.

En écoutant Philoctète, le gardien avait retrouvé la joie de ce premier matin. Le jeune homme était inépuisable. Il faisait les questions, les réponses, apportait sans cesse des précisions.

— … Persée était mieux équipé !… Aux pieds, il avait des sandales ailées. Les mêmes que son protecteur Hermès, le grand-père d'Andromède qui avait intérêt à la voir triompher. Ces talonnières lui permirent de faire de fulgurants aller et retour… C'est Hermès, naturellement, qui lui avait offert au lendemain de sa victoire sur Méduse. Toute une histoire ! Son père adoptif Polydectès lui avait demandé de lui rapporter la tête de la Gorgone. En fait, il l'envoyait au bout du monde pour pouvoir faire la cour à Danaé, que Persée surveillait d'un œil jaloux.

— C'était son Œdipe qui le travaillait ?

— Mais tout ça se passait bien avant Œdipe ! C'était l'âge des héros et des dieux, l'âge des grands combats et des fortes passions… Observe la détermination de Persée face au monstre… Il avait mis autant d'ardeur à vaincre la Gorgone Méduse… Dans cette affaire, il avait profité de la bienveillance de la guerrière Athéna : un honneur. La fille de Zeus n'accorda jamais son aide qu'aux plus grands : Bellérophon, Hercule, Jason, Ulysse. Elle haïssait Méduse qui s'était prétendue plus belle qu'elle. Tu sais comme sont les femmes… Elle apprit avec plaisir que Persée en voulait à Méduse. Elle lui offrit le casque doré qui lui permettait de devenir invisible. Je ne sais pas pourquoi Véronèse lui a ajouté des ailes. Peut-être pour être au plus près du texte d'Ovide, qui parle des ailes bruissantes de Persée. D'Athéna, le héros tenait aussi une besace destinée à conserver la tête de Méduse.

— On ne la voit pas ?

— Elle doit être cachée dans les plis de sa cape.

— Et son épée ?

— Elle lui avait également été offerte par Hermès. Mais Véronèse s'est trompé en représentant un glaive. En réalité, c'était une harpê, plus courte, et munie d'un crochet… Avec cet équipement sophistiqué, l'habile Persée n'eut guère de mal à vaincre la stupide Gorgone… Il se contenta de lui tendre son bouclier astiqué comme un miroir… Tu connais l'histoire… Elle était tellement hideuse, avec sa chevelure de serpent, ses défenses de sanglier, son visage couvert de poils… Il suffisait de croiser son regard pour être changé en pierre… C'est ce qui lui arriva dans le bouclier de Persée… Une fois la Gorgone pétrifiée, le fils de Zeus n'eut aucun mal à la décapiter et à emporter sa tête dans sa besace…

— Qu'est-ce qu'il en a fait ?

— Il alla trouver Athéna qui, pour le récompenser de son exploit, fixa la tête de Méduse au centre de son égide… On ne la voit pas sur le tableau… Véronèse était trop respectueux des dieux… Il risquait lui aussi d'être pétrifié…

— Persée a employé le même procédé pour venir à bout du monstre marin qui menaçait Andromède ?

— Presque. Attendri par ses cheveux agités par une brise légère et par les larmes tièdes qui coulaient de ses yeux, il alla proposer un *deal* très simple à son père : je sauve votre fille, et vous m'accordez sa main. Ce vieux grincheux de Céphée avait été obligé d'accepter. Dans le fond, il était déjà résigné à la mort de la malheureuse… Il n'imaginait pas que Persée pût facilement vaincre le monstre… Fatale méprise ! Après avoir obtenu le consentement de Céphée, Persée fondit sur la bête. Le corps à corps fut terrible ! A plusieurs reprises, le monstre tenta de broyer le héros dans sa gueule venimeuse… Heureusement, Persée était aussi rusé que courageux. Assaillant le monstre par-derrière, il lui enfonça sa harpê dans le dos jusqu'à la garde… Ces premiers coups rendirent l'animal fou. Mais il était trop tard… Il crachait du sang par la gueule et déjà le combat était perdu pour lui. Persée lâcha encore quelques coups et la bête fut engloutie par les flots…

— Alors vint le baiser de la fin avec Andromède ?

— Pas tout de suite. Après avoir acclamé Persée, les compatriotes de la jeune femme qui avaient suivi le combat depuis le rivage la détachèrent de son rocher et la portèrent en triomphe.

— Et moi ? Rien ne t'empêche de m'embrasser.

Philoctète sursauta. Il se tourna vers Clara, hagard. Le gardien sourit en les voyant échanger un long baiser de cinéma.

— On peut y aller ?

— Et le marché conclu avec Céphée ? Il faut que je t'affranchisse de la suite. Le vieux avait l'intention de tenir parole. Un grand banquet fut organisé pour les noces de Persée et d'Andromède. Hélas, le repas de noce dégénéra en pugilat. Un peu comme dans un western, quand le méchant de l'histoire débarque au moment du consentement des époux et flingue le pasteur en prétendant récupérer son dû. Ou à la campagne, lorsque des convives avinés cassent tout dans la salle des fêtes par dépit de voir la plus belle fille du village épouser un grand gars un peu timide…

— Qu'est-ce qui s'est passé ?

— Les Céphéniens célébraient joyeusement ces glorieuses épousailles lorsque Phinée interrompit les réjouissances en rappelant qu'Andromède lui avait été promise…

— Il mentait ?

— Non, c'était effectivement sa fiancée. Mais comme lui fit remarquer Céphée, il n'avait pas l'air de s'en souvenir lorsqu'elle était accrochée au rocher, prête à être broyée par la bête…

— Tu sais comme sont les hommes…

— … méchants parce que lâches ! Phinée l'était plus qu'un autre. Il avait complètement disjoncté. Il est monté sur une table et a brandi un javelot en menaçant les convives. Tu imagines la scène… L'hyménée tournant au film noir… Persée ne s'est cependant pas laissé démonter. Lorsque Phinée a lancé un javelot sur lui dans l'intention de lui traverser le corps, il s'est fièrement dressé. Après avoir intercepté le trait maladroitement lancé, il l'a renvoyé à son propriétaire qui heureusement pour lui s'était réfugié derrière un autel où il tremblait comme un enfant…

— C'est tout ?

— Tu penses bien que non. Le combat qui suivit fut plus violent encore que celui d'Ulysse parmi les prétendants. Entre les lits et les tables renversées, une furieuse mêlée éclata, au milieu de laquelle Persée s'illustra par sa bravoure et sa force. Autour de lui, se succédaient des assauts d'une terrible violence. Avec sa harpê, il transperça tour à tour Lycabas, Phorbas, Antimédon, Polydegmon, Abaris, Lycétus, Hélix, Phlégias et Clytus.

— Qu'est-ce que faisait Andromède pendant ce temps-là ?

— Elle avait choisi son champion. L'atrium royal s'était transformé en immense champ de bataille où s'affrontaient deux camps. Entourée par ses parents et ses suivants, elle poussait des cris pour soutenir Persée qui avait fini par se retrouver en mauvaise posture. Après la mort de ses premiers compagnons, Phinée était revenu, entouré d'un millier de soldats décidés à égorger Persée. Le valeureux fils de Zeus n'eut pas d'autre recours que de saisir son bouclier sur lequel était fixée la face terrible de Méduse. Thescélus, Ampyx, Nilée, les plus fidèles lieutenants de Phinée, furent pétrifiés un par un. L'armée insolente fut soudain figée dans le marbre. Phinée, voyant les siens changés en statues, supplia Persée de l'épargner…

— J'espère qu'il n'a pas hésité à châtier ce trouble-fête.

— Penses-tu ! Il fallait un chef à l'armée de marbre qui encombrait l'atrium, et Persée le lui donna.

— Il put enfin jouir de sa jeune épouse ?

— Ils s'installèrent à Sériphos, une île des Cyclades, dont Persès, leur premier fils, devint roi… Mais Persée n'en avait pas fini avec ses ennemis. Il lui restait à s'occuper de Polydectès…

— Parce que c'est pas fini ?

Le gardien s'approcha silencieusement.

— Monsieur… Il est tard…

Clara se retourna la première. Elle toucha l'épaule de Philoctète.

— Il faut qu'on y aille.

Le jeune homme regarda autour de lui. L'éclairage était coupé. Il parut désespéré.

— On y va.

Le gardien sourit.

Clara et Philoctète disparurent dans le grand escalier.

Dehors, des morceaux de papier voltigeaient, soulevés par le vent. Le flot de voitures n'avait pas cessé le long de la Vilaine.

Les pensées de Philoctète restaient avec Persée et Andromède. Clara regardait ses chaussures. Elle avait mal aux pieds. Elle revit l'hôtel, la chambre au plafond craquelé.

Bientôt, il ferait nuit. La jeune femme ne savait pas si ils verraient Saint-Malo. Philoctète lui avait parlé de tant de choses. Elle adorait les commencements. Rien ne les liait.

Clara était frappée par la manière dont tout s'était précipité depuis vingt-quatre heures. La veille, elle prenait le métro, ruminait des sentiments faciles, se faisait bousculer. Une publicité idiote l'avait amusée. Elle avait acheté des piles pour son réveil. Elle n'arrivait plus à savoir ce que Philoctète lui avait dit avant de partir.

Le tableau de Véronèse lui avait plu. Elle ne pouvait pas entrevoir plus grand bonheur : une existence de fuyards, des chemins qui ne mènent nulle part. Le jeune homme lui avait reparlé du tableau de Véronèse. Au milieu du XVIIe siècle, il appartenait à Nicolas Fouquet. Philoctète avait exalté Vaux-le-Vicomte, ses jardins, célébré La Fontaine, Mme de Sévigné. Il avait évoqué la chute du surintendant, sa superbe, sa naïveté. Louis XIV avait vingt-trois ans le jour de son arrestation. Il n'avait pas aimé la cour faite par Fouquet à Louise de La Vallière. Il était devenu le nouveau propriétaire de *Persée délivrant Andromède*.

Clara et Philoctète retrouvèrent leur voiture. Ils s'installèrent silencieusement. La radio annonçait la mort d'un écrivain, le moteur ronronnait. Ils laissèrent Rennes derrière eux.

Les arbres devinrent noirs.

Philoctète voulut écouter de la musique. Il tourna le bouton de l'autoradio. Clara fut agacée par les parasites. Elle avait enlevé ses lunettes de soleil. La voix d'Ella Fitzgerald remplaça les grésillements. Elle chantait *Summertime.* La circulation était fluide.

Un homme et une femme sur la route. C'était mieux qu'un rêve. Philoctète repensa à une nuit où il avait mal dormi, quelques jours auparavant. Il s'était vu, fuyant vers l'ouest, aux côtés de Clara. Un sentiment de contentement l'envahit.

Le monde autour d'eux était reposant. C'étaient des fermes, des prés, une végétation dense. Les nuages formaient de grosses masses sombres. Des lumières s'allumaient sur les collines.

Il était presque neuf heures.

Clara se tourna vers son passager.

— Philoctète ?

— Oui.

— Persée et Andromède, c'est un petit peu toi et moi ?

15 avril

Lorsque Philoctète embrassa Clara pour la première fois, il pleuvait rue des Thermopyles. Les maisons autour d'eux baignaient dans l'encre bleue d'une nuit sans lune. Depuis trois jours, les averses n'avaient pas cessé. Entre la mairie du XIVe et la porte de Vanves, la ville avait plongé dans l'eau froide d'un aquarium.

Quelques heures auparavant, Philoctète avait retrouvé Clara à l'occasion d'un vernissage dans une petite galerie de photographie. La photo n'était pas une discipline à laquelle Philoctète accordait beaucoup d'importance. Fidèle aux hiérarchies antiques, il excluait de la considérer comme un art. Mais le statut de la photographie n'avait aucune importance ce jour-là. Seule comptait Clara, sortie de sa réclusion, et qu'enfin il allait-pouvoir retrouver.

Des sentiments étranges avaient précédé cette deuxième rencontre. A force de s'obliger à penser à autre chose, Clara toute la journée n'avait songé qu'à cela. Le matin, elle avait lu dans son lit : Gustave Flaubert, *Salammbô*, 1862. Philoctète avait évoqué ce livre en termes ardents. Dans la vieille querelle qui séparait les lecteurs de Flaubert, il se rangeait parmi les salammbistes. Jamais, selon lui, aucun écrivain n'avait exprimé aussi bien les nostalgies antiques, jamais aucun ne les exprimerait avec autant de force, de génie, de passion. Cet hymne aux parfums et aux couleurs de Carthage était le roman de la fin d'un monde, de la fin de tous les mondes.

— Lis donc la bataille du Macar, tu y trouveras la réponse à ta question de l'autre soir, avait déclaré Philoctète.

— Quelle question ?

— Pourquoi j'ai renoncé à écrire.

Un vieil exemplaire du roman avait résisté au temps et aux déménagements parmi les livres de Clara. Elle l'avait étudié en seconde, mais ne se souvenait pas d'en avoir lu la moitié.

Elle l'avait repris, souligné quelques phrases. Dans l'une d'elles, il était question d'éléphants vagabondant à l'horizon avec des tours incendiées. Clara avait eu une intuition. Plus tard, elle lirait ces passages à Philoctète pour savoir si elle tenait sa réponse.

L'après-midi, elle était allée se promener aux Buttes-Chaumont. La pluie qui avait tout détrempé ne l'avait pas perturbée. Elle s'était assise sur un banc, indifférente au grain. Rapidement inondée, elle s'était sentie bien, comme si elle avait cherché à être rincée, lavée, à effacer quelque chose d'elle-même et de son passé.

De retour rue des Martyrs, elle s'était changée, elle avait bu du thé. Philoctète revenait dans ses pensées comme un motif obsédant. Dès le matin, elle n'avait pas cessé de regarder l'heure.

La veille, elle avait voulu s'éprouver en donnant rendez-vous à son ami. Elle s'était crue capable de légèreté, d'indifférence.

Philoctète avait été surpris. Résigné, il avait préparé ses armes pour un long siège. Cette invitation avait failli le prendre de court. Il avait peu dormi la nuit suivante. Après s'être couché, il s'était relevé et rhabillé, incapable de fermer l'œil. Il était allé s'enivrer dans une brasserie du quartier où il avait ses habitudes.

A mesure que la nuit avançait, il avait rallié des bars toujours plus louches. A l'aube, il était rentré se coucher.

Il aurait aimé dormir jusqu'à deux heures de l'après-midi, et même toute la journée. A huit heures, hélas, il s'était réveillé, le crâne percé de pointes d'acier. Sa pharmacie personnelle était trop réduite pour parer à l'urgence. Après une quête fébrile, il n'avait rien trouvé d'autre que du sparadrap, du mercurochrome et des suppositoires. Las, il était descendu acheter des comprimés effervescents. Sur le zinc d'un bistrot, il les avait plongés dans un verre d'eau. "C'est bien là qu'on est le mieux", s'était-il félicité.

Autour de lui, des consommateurs prenaient des paris sur le championnat de France de rugby. Philoctète avait constaté avec satisfaction que ces conversations qu'on n'entendait jadis qu'entre Tarbes et Toulouse s'étaient exportées au nord de la Loire. Moment de bonheur : la province soumettait Paris.

Il était dix heures lorsqu'il avait bu son quatrième café. Il avait l'habitude de mettre des jours entiers entre parenthèses. Dans ces moments-là, il renonçait à tout projet, à toute pensée. Durant la journée qui avait précédé son rendez-vous avec Clara, le ciel de plomb, la pluie qui tombait, convenaient bien à son état d'âme.

En début de soirée, il avait enfin daigné se raser et s'habiller. Comment s'avouer qu'il voulait plaire à Clara ?

Lorsqu'il avait retrouvé la jeune femme à la galerie de photographie, il avait eu la sensation de la voir pour la première fois. Sentiment étrange, inexprimable, qui s'attachait à son trouble. Les endroits qu'il ne connaissait pas, les assemblées dans lesquelles aucun visage ne lui était familier, lui convenaient mal. C'était une souffrance d'être obligé de fréquenter ces lieux.

Pendant un quart d'heure, Philoctète avait fait semblant de s'intéresser aux tirages exposés. Plus loin, Clara discutait avec deux femmes. Elle n'avait pas remarqué sa présence.

Enfin, il s'était approché, maladroit, embarrassé. Les individus autour de lui s'étaient figés dans des postures monstrueuses. Le monde extérieur était devenu muet. Philoctète avait paru effrayé. Le contraste avec sa volubilité des jours précédents avait amusé Clara. Mais elle n'était pas dupe de son plan de séduction.

Elle lui avait posé les deux mains bien à plat sur les épaules pour l'embrasser. Philoctète lui avait à peine effleuré les joues.

— Embrasse-moi vraiment. Avec les lèvres !

Elle savait empêtrer ses interlocuteurs. Philoctète s'était repris. Il avait longuement posé ses lèvres sur la joue de la jeune femme.

— C'est mieux comme ça.

On était à nouveau dans des stratégies compliquées, militaires. Philoctète ruminait une manœuvre savante depuis plusieurs jours. Clara aimait le jeu, le défi, l'affrontement.

Il avait fallu quelques verres à Philoctète pour retrouver son éloquence. Clara, qui avait bu en l'attendant, était en avance. Ses yeux brillaient. La bataille n'avait pas eu lieu, mais déjà elle était un adversaire pressé de se rendre. Philoctète portait un pantalon noir, une chemise en coton orange ; il avait noué un foulard autour de son cou. Elle lui avait trouvé une allure de seigneur en exil. A un moment, elle avait effleuré ses fesses avec sa main.

Sa confusion dissipée, Philoctète était redevenu drôle, singulier, attachant. Il était heureux d'avoir retrouvé Clara dans le XIVe arrondissement. Sa tendresse pour ce quartier était infinie. Il en connaissait l'histoire, les agréments. Auprès des vieux habitants, qu'il ne se lassait pas de questionner, il avait récolté des souvenirs, des anecdotes. Montsouris, Denfert, Montparnasse, c'était son univers. Il savait en dire le charme et la grâce surannée ; il en connaissait chaque place et chaque rue pavée.

— La plus belle de toutes, c'est la rue des Thermopyles. C'est pour cela que j'y habite ! C'est la plus charmante de l'univers, sans circulation automobile, avec des vieilles maisons et de la vigne qui grimpe dessus. Je suis resté à Paris grâce à elle. C'est le dernier endroit de ce qui fut une belle ville où j'accepte encore de vivre. Plus je la vois, plus je l'aime… Je suis prêt à mourir pour elle !

Il était tard. Le champagne avait fait son effet. Clara avait la tête qui bourdonnait. Elle n'avait pas relevé ces propos guerriers.

Philoctète avait continué. Il avait expliqué qu'une intuition fondamentale lui avait permis de comprendre le caractère métaphysique du combat qui s'était engagé à Paris. Les pelleteuses, les camions, les bulldozers partis à l'assaut des vieilles pierres, des vieilles maisons, des vieilles rues étaient jaunes, la couleur des fous, la couleur du mal, la couleur du diable au Moyen Age.

— Une lutte à mort s'est engagée contre les Barbares ! avait-il insisté. Voilà pourquoi j'ai fondé le GAL ! Le Groupe d'Action Léonidas !... L'objet de cette société clandestine est de barrer la route aux promoteurs. Nous sommes quelques-uns à ne reculer devant aucun moyen. Le jour, la nuit, nous nous introduisons dans les chantiers pour crever les pneus des véhicules, mettre du sucre dans leur réservoir, dérober des pièces des moteurs !...

Clara était de tempérament plutôt pacifique. Les mobiles avancés par Philoctète n'avaient pas semblé la convaincre. Surtout, elle n'avait pas cru nécessaire de les prendre au sérieux. De longues conversations l'avaient habituée à sa fantaisie. Un jour il se mettait en tête de lui apprendre le grec, un autre il voulait faire d'elle un auteur à succès. Cette fois, il avait décidé de mener la guerre aux promoteurs. Elle avait renoncé à le contrarier. Ce n'étaient pas ses raisons qui l'ensorcelaient, c'était sa poésie.

Le dépit s'était lu sur le visage du jeune homme. Il n'avait pas été pris au sérieux, avait été navré de cette situation. Il avait suggéré à Clara de la conduire rue des Thermopyles pour qu'elle comprît l'attachement que l'endroit pouvait susciter. La jeune femme avait hésité. Elle avait regardé sa montre, les gens autour d'elle.

A ce moment, Philoctète avait été incapable d'imaginer que cette soirée pût se solder par une défaite. Il avait senti qu'il devait forcer sa chance. Il avait proposé un défi à Clara : si la rue des Thermopyles lui plaisait, elle devrait l'embrasser.

Ils étaient partis très vite, sans saluer personne. La pluie n'avait pas cessé. Philoctète avait suivi Clara jusqu'à sa voiture.

Pendant le trajet, il avait retracé la bataille des Thermopyles, avec le ton épique qu'il affectionnait. En 480 avant Jésus-Christ, au cours de la deuxième guerre médique, trois cents soldats spartiates avaient péri contre les Barbares dans ce défilé. La Grèce était au bord de l'abîme. La trahison était partout, la position intenable. Supérieurs en nombre et en armement, les Perses du roi Xerxès étaient certains de la victoire. Les glorieux hoplites commandés par Léonidas furent sacrifiés pour couvrir la retraite de leurs compatriotes. Ils tombèrent orgueilleusement, dociles aux ordres de leur patrie.

— Dans leur vertu elle-même, s'écria Philoctète après avoir achevé son récit, ils ont trouvé la récompense de leur vertu !

A cet instant, ils s'étaient garés. Ils avaient marché sous la pluie avant d'atteindre la rue des Thermopyles.

Les fenêtres murées, les maisons abandonnées et les barrières de chantier n'enlevaient rien au charme du lieu.

Ils avaient encore fait quelques pas. Philoctète avait attendu la réaction de Clara. Elle souriait. Ils s'étaient embrassés.

Plus tard, Philoctète conduisit Clara dans son appartement aménagé au premier étage d'un ancien atelier. Il occupait deux grandes pièces aux murs blancs. Clara le suivit jusqu'à celle qui lui servait de chambre. Philoctète la laissa défaire les boutons de sa chemise. Ses doigts étaient froids, humides. Ses gestes avaient l'embarras des premières fois. Le jeune homme fut torse nu.

Pendant quelques instants, Philoctète contempla le visage de Clara. Elle avait un sourire triomphant, étonnant, presque coupable. Ses cheveux mouillés lui donnaient l'air d'un enfant.

Très vite, il fut où il avait toujours eu envie d'être. Aucun d'eux ne prononça la moindre parole. La jeune femme pinça les lèvres.

La peau de son cou tremblait. Elle voulait garder ce moment silencieux. La pluie tintait toujours sur les carreaux.

Clara se retourna sur le ventre, les bras en croix.

Dans le tiroir de la table de nuit, Philoctète trouva une flasque d'eau-de-vie de mirabelle. Il en but une rasade au goulot.

Clara se leva et partit dans la cuisine.

— Où est-ce que je peux trouver un verre ?

— Dans le placard au-dessus de l'évier.

La jeune femme poussa un hurlement.

Elle revint en brandissant un pistolet.

— Qu'est-ce que c'est que ça ?

— 9 millimètres Beretta, modèle 1934 : un cadeau de mon grand-père. Il l'a confisqué à un officier lorsque les Italiens ont quitté Nice.

— Je peux savoir pourquoi tu gardes ce truc-là dans ta cuisine ?

— J'aime bien l'avoir sous la main. Les activités du GAL dérangent. J'ai un ami qui s'est fait incendier sa voiture… Un autre a eu son appartement mis à sac. Un troisième reçoit régulièrement des coups de fil de menace. Les promoteurs sont des gens sans scrupules. Il leur est déjà arrivé de faire défenestrer une petite vieille ou de flinguer un avocat trop coriace !

Clara lança le Beretta par terre en riant.
— Espèce de mythomane !
— Je ne suis pas un mythomane. Ce que je te raconte est sérieux.
Philoctète s'assit sur le bord de son lit et remit son caleçon.
Il s'installa à son bureau, alluma une petite lampe.
— J'ai réuni depuis plusieurs mois une série de documents. Je te laisse vérifier si ce que je te dis sort de mon imagination.
Du tiroir, il sortit une épaisse chemise verte qu'il lança sur le lit.
Clara s'approcha. Son trouble était presque cocasse. Elle n'arrivait pas à savoir si Philoctète parlait sérieusement avec ses histoires d'armes à feu, de sabotage, de clandestinité.
Elle lut d'abord une série de tracts tous signés Groupe d'Action Léonidas. Ils ne portaient aucune adresse et menaçaient les architectes, les promoteurs et les entrepreneurs de représailles s'ils touchaient la moindre pierre de la rue des Thermopyles.
Clara découvrit ensuite des dossiers soigneusement numérotés. Ses mains tremblaient lorsqu'elle tournait les pages. Sous sa poitrine nue, elle sentit son cœur battre.
Philoctète semblait en particulier s'être intéressé à la Société Anonyme de Construction. La SAC avait acquis de nombreux terrains dans le quartier ces dernières années. Un plan détaillait ces achats avec la précision d'une carte d'état-major. Dans l'esprit de Philoctète, il s'agissait manifestement d'une guerre.
Dans une autre chemise, Clara découvrit la copie de documents relatifs aux infractions commises par des bureaux d'étude technique

et des bureaux de contrôle travaillant pour la SAC. Elle trouva également de nombreux articles sur son président.

C'était un gros homme chauve que l'on voyait sur plusieurs photos. Il avait été soupçonné d'abus de confiance, de trafic d'influence et de corruption, mais jamais inquiété.

Clara remit soigneusement les documents et posa la chemise qui les renfermait. Elle était agacée. Elle n'avait pas prévu de prolonger la soirée en dissertant sur les intrigues immobilières.

— C'était pour me montrer ça que tu m'as fait venir ici ?

— Tu m'as demandé pourquoi je cachais un pistolet. Il fallait bien que je te prouve que je n'étais pas complètement dingue.

— Pourquoi devrais-je croire tes documents authentiques ?

— Parce que tu m'aimes.

— Ah oui ?

Philoctète s'avança vers Clara et la prit par le bras.

— Il commence à être tard. Couchons-nous. Je vais te faire la lecture pour t'aider à t'endormir.

Clara grimaça.

— Tu crois que je vais coucher ici ?

Au même instant, elle se glissa dans le lit.

Son visage avait une drôle d'expression.

Le jeune homme secoua la tête. Clara était délicieuse. Il ne se lassait pas de contempler son corps gracieux et long.

Dans sa bibliothèque, il choisit un volume à reliure jaune et vint s'allonger près de la jeune femme.

Il tourna quelques pages.

— Hérodote, *Histoire*, livre VII. La bataille des Thermopyles.

Philoctète serrait Clara contre lui. Ils dormaient.

Soudain la jeune femme se redressa, paniquée. Il lui fallut quelques instants pour réaliser où elle était. Elle eut du mal à dissiper les images d'un mauvais rêve. A côté d'elle, Philoctète ronflait doucement. Elle trouva sa montre par terre.

Il était quatre heures et demie.

Une vieille histoire qui lui faisait toujours aussi mal l'avait poursuivie dans son sommeil. Elle s'interrogea sur la malédiction qui voulait qu'elle fût traquée jusque-là.

Philoctète était allongé sur le dos. Sa poitrine bougeait à peine lorsqu'il respirait. Clara caressa son visage. A cet instant, elle réalisa que, désormais, elle ne voudrait plus rien lui cacher.

Il fallait qu'il le sût. Clara se serra contre Philoctète. Elle lui murmura quelques mots à l'oreille. Il se réveilla, regarda Clara. Il était fier de la trouver allongée, nue, près de lui.

La jeune femme se roula en boule dans son drap. Elle grelottait.

— On s'en va ? fit-il.

Philoctète était debout au pied du lit, les bras croisés. Il ramassa sa chemise par terre et la jeta sur une chaise. Clara le regarda faire.

— A l'heure qu'il est, on est peut-être mieux ici ?

Sans un mot, il passa dans la pièce voisine. Clara entendit couler l'eau. Elle se retourna dans le lit, ferma les yeux.

Puis le jeune homme revint, vêtu d'un pantalon propre. Des gouttes d'eau glissaient sur ses bras. Ses cheveux étaient soigneusement peignés. Il sentait l'eau de toilette. Dans l'armoire, il choisit une paire de chaussures.

La jeune femme se leva. Philoctète se dit qu'elle avait des épaules de garçon. Il se trouva méchant. Elle était encore plus attirante que tout à l'heure, plus désirable, toujours plus belle.

Clara s'approcha de Philoctète, et prit la serviette de toilette qu'il avait sur les épaules. Silencieuse, elle gagna la salle de bains. Le jeune homme l'entendit chanter. Il crut reconnaître un air des Smiths. Il avait toujours détesté la pop anglaise.

Clara revint. Ses pieds mouillés marquaient sa route sur le parquet. Elle trouva ses habits dans les draps. Elle ne portait pas de soutien-gorge. Philoctète aima ce détail et oublia les Smiths.

Maintenant, il ne savait plus quoi dire. Il devait parler, pourtant. La phrase qu'il prononça semblait apprise par cœur.

— Il faut que je quitte Paris. J'aimerais que tu viennes avec moi.

Son visage était tout près de celui de Clara.

— Qu'est-ce que tu es en train d'inventer ?

— Décampons.

C'était un drôle de jeu, mais il était trop inattendu, trop insolite pour qu'elle ne fût pas séduite. Depuis plusieurs jours, elle avait pensé à ce départ, évoqué par Philoctète dans leurs conversations. Il était assez farfelu pour vouloir disparaître.

— Tu es traqué ?

— Quelque chose comme ça.

Clara éclata de rire.

— Eh bien fuyons ! Je ne vais pas mettre ta vie en danger.

Elle se leva, les mains sur les hanches. Le nez de Philoctète lui touchait le ventre. Il l'embrassa sur le nombril. La jeune femme retint sa tête contre elle. Philoctète était un gamin capricieux.

C'était autre chose qu'une capitulation. Il était trop tard pour s'esquiver. Clara trouva la situation amusante.

— C'est bête quand on y pense, fit-elle.

— Quoi ?

— D'être obligé de se raconter des histoires.

Dehors, le soleil ne s'était pas encore levé.

FIN